이준기와 함께하는
안녕하세요 한국어
1

|凡例|

* 本文で表記されているアルファベットのNは名詞、Aは形容詞、Vは動詞を表します。

* 各課の最後にある「Special」は、ステップアップのために必要と思われる内容をまとめたものです。

* 本文に登場するキャラクター、イ・ジュンギの台詞は俳優イ・ジュンギさんに録音していただきました。CDで彼の声を
  聞くことができます。

* ハングルの発音規則についてはウォーミングアップで全般的なことを説明しましたが、反復による学習効果を高める
  ため本文の「語彙と表現」の部分でも提示してあります。

* 各課の文法活用練習、会話練習、聞き取り練習の解答は、巻末の付録にあります。

* 韓国語IPA表記法は『KBS標準発音大辞典』を基準にしました。単語によっては韓国語のIPA表記と実際の発音に違いが
  出てくる場合もありますので、CDを必ず聞いてください。

アンニョンハセヨ
韓国語

이준기와 함께하는
안녕하세요 한국어

1

日本語版

| パク・ジヨン / ユ・ソヨン　著 |

마리북

저자의 말 著者のメッセージ

　この本が初めて企画されてから3年、ついに刊行の日を迎えました。執筆に1年半、編集に1年半かかりました。書き始める前にたくさんの資料を集めましたので、当初はすぐ書けるだろうと高を括っていましたが、実際にはなかなか進みません。どうやったら外国人学習者がより楽しくより簡単に習得できるか、何度も何度も思案、検討しました。

　ときには執筆した内容で授業をしてみたりもしました。これで良しと確信が持てるときもあれば、学生の反応がなく試行錯誤のときもありました。数回にわたる原稿内容の修正の末、やっと完成に至りました。そして最後に編集の過程を経て、この韓国語テキスト『アンニョンハセヨ韓国語』が誕生したのです。かわいいイラストが施され、韓流スター、イ・ジュンギさんの声の出演で素敵な仕上がりとなりました。

　このようにして生まれた『アンニョンハセヨ韓国語』は、このテキストだけ勉強しても韓国人と話せて韓国ライフも楽しめるよう構成されています。韓国語の基礎である子音・母音や文法を体系的に学び、テキストで示した表現を実生活ですぐ使えるように作成しました。

　また、韓国語の発音の規則が何度も出てきますが、これは学習の初期の段階から正確な発音で話せるようにするためです。発音は最初からしっかり練習することが大切で、後になってから直そうとしても難しいのです。外国語をマスターするということは正確な表現とともに正確な発音ができるということですから、正確な発音をする習慣を身につけましょう。

　「簡単で面白い韓国語のテキスト」を作ることに同意くださり、このテキストの企画と録音の作業に喜んで参加してくださった俳優のイ・ジュンギさんには本当に感謝いたします。イ・ジュンギさんは韓国語の発音がとてもきれいな俳優さんで、数多くのテレビ、映画などで活躍なさっている韓流スターです。韓流などの影響で韓国語を勉強しようという外国人の方が急速に増えていますが、イ・ジュンギさんといっしょに楽しく韓国語の勉強を始めてみましょう！

2010年 5月
著者 パク・ジヨン
ユ・ソヨン

이준기의 말 イ・ジュンギのメッセージ

　ついに『アンニョンハセヨ韓国語』が出版されました。はじめに出版社からテキストを作ろうと提案を受けたときは、漠然と面白そうだなと思い気楽に承諾しました。しかし一冊の本が作られるまでの過程は決して簡単ではないんですね。多くの作業を経てできあがったことを考えると大変嬉しいですが、あまり実感がわきません。

　海外で行うファンミーティングなどで会った現地のファンの方々が韓国語で挨拶をしているのを見ると、どんなに感動を覚えるかわかりません。韓国語で会話ができるファンの方々がさらに多くなったら、また、その方たち一人一人への小さなプレゼントになったら、という想いから『アンニョンハセヨ韓国語』の作成に参加することになりました。

　この本に付いているCDを録音する前日、わたしは緊張半分、期待半分でよく眠れませんでした。ついに録音の当日を迎え、何度も練習した台本を持って、声優たちといっしょに録音を始めました。彼らと韓国語の一文字一文字を正確に発音するため全力を尽くした録音作業は、俳優のわたしにはとても貴重な経験でした。

　また、本文に入れる「イ・ジュンギのソウル紹介」を書くために、本当に久しぶりにソウルの街をあちらこちら巡りました。ソウルに住んでいても、忙しく過ごしているため、この街をきちんと見ることができませんでしたが、今回の仕事をきっかけにソウルの街がどんなに素晴らしいか、新しい発見をしました。皆さんもわたしといっしょに素敵なソウル旅行に出かけてみましょう。

　この本は、スター、イ・ジュンギの写真集ではありません。外国人の韓国語教育のために長い時間をかけてきた二人の著者が、その情熱を余すところなく注いで作った「韓国語の基本書」です。ですから、この本の中でイ・ジュンギの姿をたくさん発見できなくてもがっかりしないでくださいね！

　この一冊のテキストは、皆さんの韓国語に対する愛と関心をますます呼び起こしてくれることでしょう。この『アンニョンハセヨ韓国語』で、韓国語の勉強に思いっきりはまってみてください。そして、今度会ったときはわたしといっしょに韓国語で話しましょう。皆さん、お元気で、お幸せに！

2010年 5月
イ・ジュンギ

이 책의 구성 本書の構成

❶ **ウォーミングアップ**：ハングルの基礎である子音と母音を学びます。ハングルはどんな文字なのか、どう発音するのか、またどのように書くのかをしっかり勉強しましょう。また、勉強していてハングルがすぐに出てこないときは、何度もウォーミングアップに戻って確認しましょう。

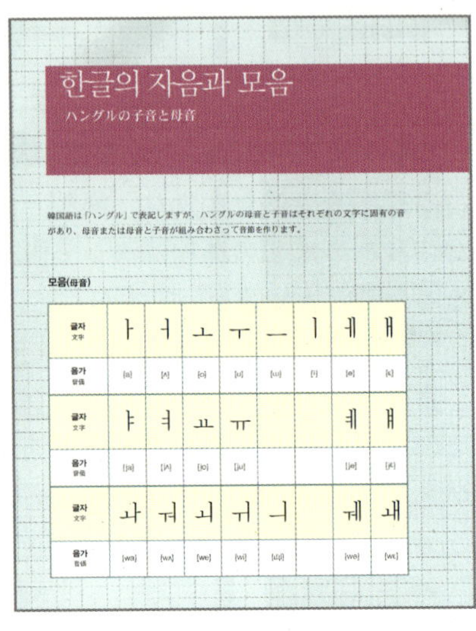

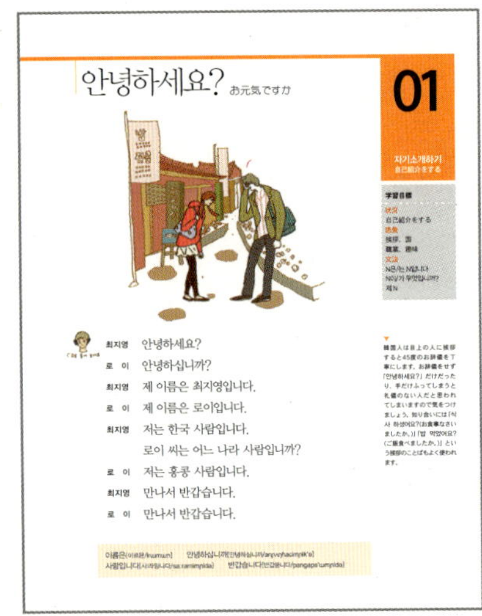

❷ **対話文**：その課で勉強する文法の内容を中心に、実生活でよく使われている表現を対話形式で示しました。CDを聞きながら実際の会話のように声に出して読んでみましょう。いつの間にか韓国語が身についていますよ。

❸ **語彙と表現**：各課に出てくる単語を整理してあります。関連のある単語を集めましたので、語彙を効率的に勉強できるでしょう。また、外国人学習者が難しいと感じる発音は、その規則を別に説明してありますので、単語の意味だけではなく発音の勉強もいっしょにできるようになっています。

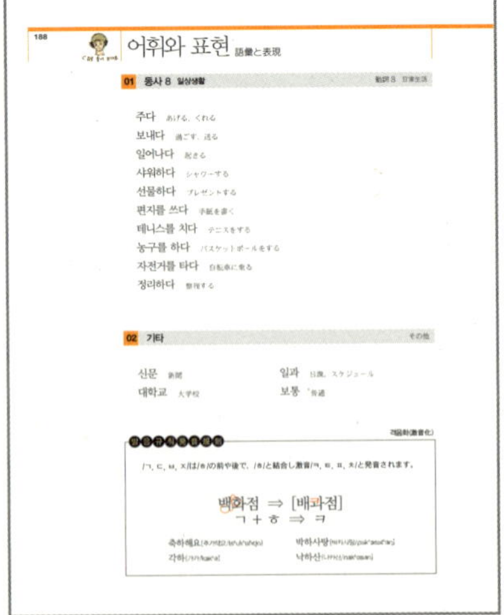

❹文法：必ず覚えておきたい韓国語の基礎文法を整理し
ました。特に外国人学習者が難しいと感じる活用の形態
をわかりやすく説明してあります。実生活で自然に活用
できるよう活用練習を載せてありますので、必ず空欄に
書き入れて何度も読む練習をしましょう。

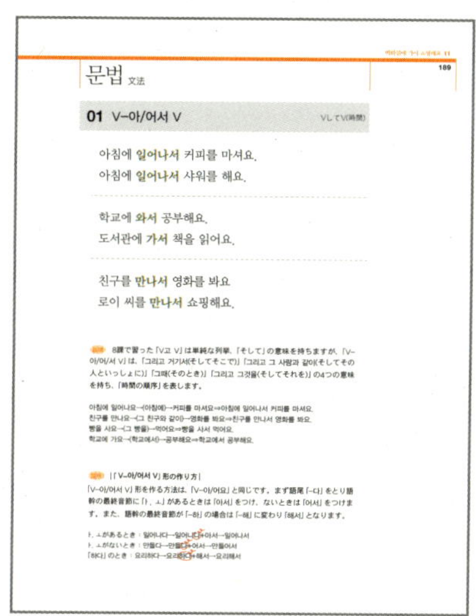

❺会話練習：新しく勉強する単語と文法を活用して会話
の練習をします。イラストを見て状況を思い浮かべなが
ら実際の会話のように練習してみましょう。

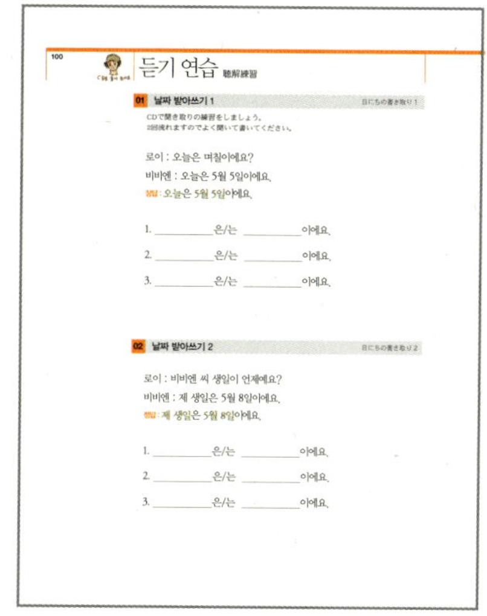

❻聞き取り練習：学んだ内容をしっかり理解している
か、発音は間違っていないか、CDを聞きながら確認で
きます。まず、CDを聞いて空欄に書き入れながら問題
を解いてみましょう。よく聞き取れない単語や間違った
部分を重点的に何度も聞けば、韓国語がどんどん上手に
なりますよ。

❼**イ・ジュンギと話そう**：その課で習った内容をまとめて整理し、さまざまなパターンで話す練習をします。CDを聞きながら後について読んでみましょう。韓流スターのイ・ジュンギと実際に会話しているように練習すると、韓国語の勉強がますます楽しくなるでしょう。

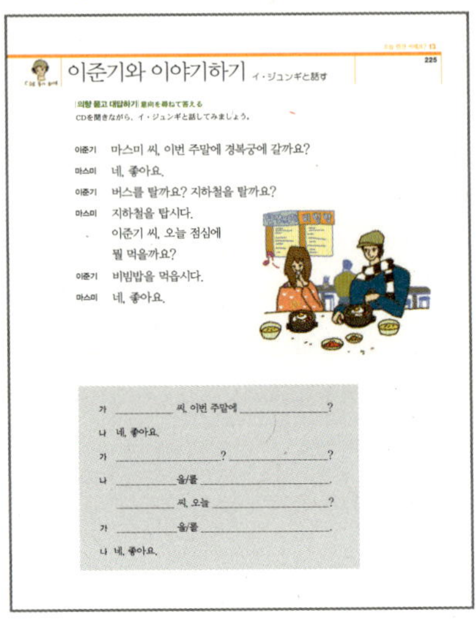

❽**スペシャル**：覚えておくと便利な表現などをまとめて整理してあります。特に覚えておきたい単語は、イラスト付きのカードでテーマ別に分けて書いてありますから、韓国語の勉強がとても楽しく、簡単にできるでしょう。

이 책의 장점 本書の特長

1. 一人でも簡単に勉強できます。

先生がいなくても一人で勉強できる韓国語のテキストです。このテキストは、長い間外国人
に韓国語を教えてきた二人の著者の効果的な韓国語学習法を取り入れています。ハングルの
基礎学習からよく使われる表現、文法、発音の規則まで懇切丁寧にわかりやすく解説してあ
ります。また、外国人が一番習得しやすい体系で構成されており、いつでもどこでも手軽に
勉強できます。

2. 実際に韓国人がよく使う文型を学べる日常韓国語会話です。

一生懸命勉強したものが実際に韓国であまり使われていない表現だったらショックでしょ
う。このテキストは初級レベルから学べる簡単な表現を扱っていますが、韓国で使用頻度の
高い単語を選出し場面や状況を設定しました。そのため、すぐ日常生活で使える韓国語が勉
強できます。

3. 韓流スターのイ・ジュンギと会話しながら楽しく勉強できます。

もし韓流スターといっしょに韓国語の勉強ができたら？　これほど楽しく勉強できる方法はな
いのではないでしょうか。発音もとてもきれいな『王の男』のイ・ジュンギと、楽しく韓国語の
勉強をしましょう。

4. 言語別に出版され、外国人学習者が間違いやすいところをわかりやすく解説してあります。

母国語で解説された韓国語テキストがあったらどんなに良いでしょう。このテキストは、本
書(日本語版)以外にも、韓国語版、英語版、中国語版があり、それぞれの言語のテキストを選
択して勉強できます。また、韓国語学習者の先輩や韓国語を教えた経験のある各言語圏の翻
訳者の貴重なコメントもきっと役に立つでしょう。

5. 絵カードなどを用い、語彙、文型などを体系的に学ぶことができます。

外国語の学習では一部の文型や文法に偏ってしまい、関連した語彙を整理するなど体系的な
学習があまりできないこともあります。このテキストは体系的に把握できるように、かわい
い絵カードや表で整理してありますので、関連のある語彙や表現も無理なく学習できます。

등장인물 登場人物

1 **チェ・ジヨン**

韓国

21歳

大学生

2 **イ・ジュンギ**

韓国

28歳

映画俳優

3 **リリ**

中国

24歳

新聞記者

4 **ワン・シャイ**

中国

24歳

警察官

5 **ビビアン**

ドイツ

20歳

交換留学生

6 **ポーティ**

フィリピン

23歳

大学生

7 ステファニー

オーストラリア

23歳

8 ロベルト

会社員

スペイン

30歳

研究員

9 ダイアナ

コートジボワール

19歳

大学生

10 ロイ

香港

27歳

医師

11 ますみ

日本

30歳

調理師

12 ベンソン

ケニア

25歳

サッカー選手

목차 目次

저자의 말　著者のメッセージ　......004
이준기의 말　イ・ジュンギのメッセージ　......005
이 책의 구성　本書の構成　......006
이 책의 장점　本書の特長　......009
등장인물　登場人物　......010
학습 구성표　学習項目の構成　......014
준비 운동　ウォーミングアップ　......019

1과 안녕하세요?　......049
お元気ですか

2과 이것은 무엇입니까?　......063
これは何ですか

3과 이 라면은 한 개에 얼마예요?　......075
このラーメンは1個いくらですか

4과 오늘은 며칠이에요?　......091
今日は何日ですか

5과 지금 몇 시예요?　......107
今、何時ですか

6과 우리 집은 신촌에 있어요　......117
わたしの家はシンチョンにあります

7과 저는 오늘 영화를 봅니다　......131
わたしは今日、映画を見ます

8과 주말에 명동에 갑니다
週末、明洞に行きます
...... 143

9과 오늘은 날씨가 어떻습니까?
今日の天気はどうですか
...... 157

10과 오늘 뭐 해요?
今日は何をしますか
...... 173

11과 백화점에 가서 쇼핑해요
デパートに行ってショッピングします
...... 187

12과 어제 영화를 봤어요
昨日、映画を見ました
...... 199

13과 오늘 한잔 어때요?
今日、一杯どうですか
...... 215

14과 지금 와인을 마시고 있어요
今、ワインを飲んでいます
...... 229

15과 경복궁까지 어떻게 가요?
景福宮までどうやって行くのですか
...... 245

본문 번역　本文の日本語訳 258
듣기 연습 지문　「聞き取り練習」のスクリプト 261
이준기와 이야기하기 번역　「イ・ジュンギと話そう」の日本語訳 264
문법·회화 연습 답안　文法·会話練習の解答 267
색인　索引 276

학습 구성표 学習項目の構成

タイトル	内容	文法
준비 운동 ウォーミングアップ	한글의 자음과 모음 ハングルの子音と母音 한글의 발음 규칙 ハングルの発音の規則	
1과 안녕하세요? お元気ですか	자기소개하기 自己紹介をする	·N은/는 N입니다 ·N이/가 무엇입니까? ·제 N
2과 이것은 무엇입니까? これは何ですか	사물 묻고 답하기 ものを尋ねて答える	·지시 대명사 (이것/그것/저것/무엇) ·N은/는 N입니까? ·네, N입니다 ·아니요, N이/가 아닙니다
3과 이 라면은 한 개에 얼마예요? このラーメンは 1 個いくらですか	물건 사기 買い物	·이/그/저 N ·N예요/이에요 ·N이/가 아니에요 ·N하고 N ·N에
4과 오늘은 며칠이에요? 今日は何日ですか	날짜와 요일 말하기 日にちと曜日を話す	·N은/는 며칠이에요? ·N이/가 언제예요? ·N은/는 무슨 N예요/이에요?
5과 지금 몇 시예요? 今、何時ですか	시간 묻고 답하기 時間を尋ねて答える	·시간 읽기 ·N부터 N까지
6과 우리 집은 신촌에 있어요 わたしの家はシンチョンにあります	위치 말하기 位置を伝える	·여기/거기/저기/어디 ·N이/가 어디에 있어요? ·N은/는 N에 있어요
7과 저는 오늘 영화를 봅니다 わたしは今日、映画を見ます	일정 묻고 답하기 日程を尋ねて答える	·N을/를 V-ㅂ/습니까? ·N을/를 V-ㅂ/습니다 ·N을/를 V-지 않습니다 ·N에(시간의 '에') ·N도

語彙と表現	発音の法則	Special
인사 挨拶　나라 国 직업 職業　취미 趣味	비음화 鼻音化	인사하기 挨拶をする
생활필수품 生活必需品 음식 이름 食べ物の名前	연음 법칙 連音法則	지시 대명사(이~/그~/저~/어느~) 指示代名詞(この~/その~/あの~/どの~)
단위 単位　숫자 数字 식품 食品　생활필수품 生活必需品	경음화 濃音化	돈 お金
날짜 日 요일 曜日	연음 법칙 連音法則	달력·요일 읽기 カレンダー·曜日を読む
시간 時間　공공 기관 公共機関 장소 場所	경음화 濃音化	
위치 位置 장소 場所		
동사 1, 2, 3-기본 동사 動詞 1, 2, 3-基本の動詞	비음화 鼻音化	

	タイトル	内容	文法
8과	주말에 명동에 갑니다 週末、明洞に行きます	주말 계획 이야기하기 週末の計画を話す	·N은/는 N에 가다/오다 ·N은/는 N에서 N을/를 V-ㅂ/습니다 ·V-고 V
9과	오늘은 날씨가 어떻습니까? 今日の天気はどうですか	날씨 이야기하기 天気の話をする	·N이/가 어떻습니까? ·N이/가 A-ㅂ/습니다 ·N이/가 A-ㅂ/습니까? ·N이/가 A-지 않습니다 ·A-고 A ·A-지만 A
10과	오늘 뭐 해요? 今日は何をしますか	행선지 묻고 답하기 行き先を尋ねて答える	·A/V-아/어요 ·안 A/V-아/어요 ·A/V-지 않아요
11과	백화점에 가서 쇼핑해요 デパートに行ってショッピングします	하루 일과 말하기 一日のスケジュールを話す	·V-아/어서 V
12과	어제 영화를 봤어요 昨日、映画を見ましたか	지난 일 이야기하기 過ぎた日の話をする	·A/V-았/었어요 ·안 A/V-았/었어요 ·A/V-지 않았어요 ·N의 N
13과	오늘 한잔 어때요? 今日、一杯どうですか	약속하기 約束する	·V-(으)ㄹ까요?(의향 묻기) ·V-(으)ㅂ시다(청유) ·A/V-(으)면 A/V(가정, 조건)
14과	지금 와인을 마시고 있어요 今、ワインを飲んでいます	현재 진행과 습관 말하기 現在進行中のことと習慣を話す	·V-(으)세요(정중형) ·V-고 있다 ·다 V
15과	경복궁까지 어떻게 가요? 景福宮までどうやって行くのですか	교통수단 이용하기 乗り物を利用する	·V-(으)세요 ·V-(지) 마세요 ·N(으)로 갈아타다

語彙と表現	発音の法則	Special
동사 4-오고 가는 것 動詞 4-行ったり来たりすること 동사 5-물건 사기 動詞 5-買い物	연음 법칙 連音法則	동사 카드 動詞カード
동사 6-날씨 動詞 6-天気 형용사-날씨 形容詞-天気 기본 형용사 基本の形容詞	격음화 激音化	형용사 카드 形容詞カード
서울 근교의 유명한 장소 ソウル近郊の有名な場所 동사 7-놀이 動詞 7-遊び	구개음화 口蓋音化 경음화 濃音化	동사·형용사 활용표 動詞と形容詞の活用表
동사 8-일상생활 動詞 8-日常生活	격음화 激音化	'으' 불규칙 「으」不規則 'ㄷ' 불규칙 「ㄷ」不規則
음식 食べ物　여행지 旅行地 동사 9-취미 動詞 9-趣味	'의'의 발음 「의」の発音	취미 카드 趣味カード
동사 10-약속 動詞 10-約束	'ㅎ' 탈락 「ㅎ」脱落	조사 助詞
동사 11-진행, 습관 動詞 11-進行、習慣	연음 법칙 連音法則	장소 카드 場所カード
교통수단 交通手段 교통표지 交通標識		금지와 명령의 표현 禁止と命令の表現

ハングルの子音と母音
ハングルの発音の規則

준비 운동

한글의 자음과 모음
한글의 발음 규칙

한글의 자음과 모음
ハングルの子音と母音

韓国語は「ハングル」で表記しますが、ハングルの母音と子音はそれぞれの文字に固有の音があり、母音または母音と子音が組み合わさって音節を作ります。

모음(母音)

글자 文字	ㅏ	ㅓ	ㅗ	ㅜ	ㅡ	ㅣ	ㅔ	ㅐ
음가 発音	[a]	[ʌ]	[o]	[u]	[ɯ]	[i]	[e]	[ɛ]
글자 文字	ㅑ	ㅕ	ㅛ	ㅠ			ㅖ	ㅒ
음가 発音	[ja]	[jʌ]	[jo]	[ju]			[je]	[jɛ]
글자 文字	ㅘ	ㅝ	ㅚ	ㅟ	ㅢ		ㅞ	ㅙ
음가 発音	[wa]	[wʌ]	[we]	[wi]	[ɰi]		[we]	[wɛ]

자음(子音)

글자 文字	ㄱ	ㄴ	ㄷ	ㄹ	ㅁ	ㅂ	ㅅ	ㅇ	ㅈ	ㅎ
음가 発音	[k]	[n]	[t]	[l]	[m]	[p]	[s]	[ŋ]	[ts]	[h]
글자 文字	ㅋ	ㅌ				ㅍ			ㅊ	
음가 発音	[kʰ]	[tʰ]				[pʰ]			[tsʰ]	
글자 文字	ㄲ	ㄸ				ㅃ	ㅆ		ㅉ	
음가 発音	[k']	[t']				[p']	[s']		[ts']	

한글의 모음도(ハングルの母音図)

韓国語の母音には基本となる8個の単母音(ㅏ, ㅓ, ㅗ, ㅜ, ㅡ, ㅣ, ㅔ, ㅐ)と13個の二重母音(ㅑ, ㅕ, ㅛ, ㅠ, ㅒ, ㅖ, ㅘ, ㅙ, ㅚ, ㅝ, ㅞ, ㅟ, ㅢ)があります。下の絵はそれぞれの単母音が発音されるときの舌先の位置を表したものです。

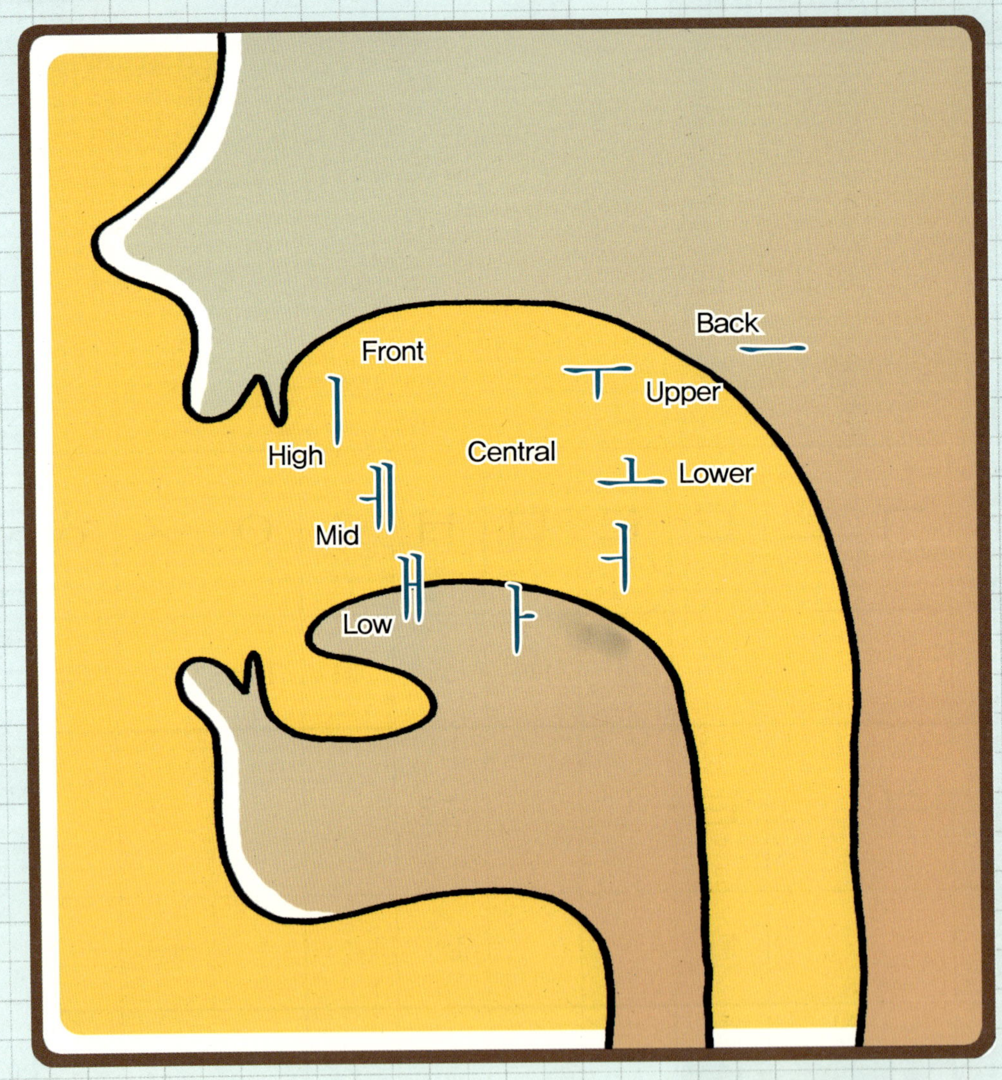

(1) 발음하기(発音)

CDを聞いて発音してみましょう。

文字	発音記号	口の形	発音の仕方
ㅏ	[a]		口を横に大きく広げて発音します。
ㅓ	[ʌ]		口を横に大きく広げて発音します。
ㅗ	[o]		口をまるくつぼめて発音します。
ㅜ	[u]		口をまるく前に突き出すように発音します。
ㅡ	[ɯ]		「ㅜ」の発音とは違い、口を横に引っ張るように発音します。
ㅣ	[i]		口を平たく開くように横に引っ張って発音します。
ㅔ	[e]		指1本分くらい口を開き発音します。
ㅐ	[ɛ]		「ㅔ」より口を横に大きく広げて発音します。 指2本分くらいに開きます。

(2) 쓰기(書く)

正しい書き順で書いてみましょう。

ㅏ	ㅏ	ㅏ				
ㅓ	ㅓ	ㅓ				
ㅗ	ㅗ	ㅗ				
ㅜ	ㅜ	ㅜ				
ㅡ	ㅡ					
ㅣ	ㅣ					
ㅔ	ㅔ	ㅔ	ㅔ			
ㅐ	ㅐ	ㅐ	ㅐ			

(3) 연습(練習)

読んでみましょう。それからCDを聞き、後について発音してみましょう。

1) 아이 [아이/ai] 子ども

오이 [오이/oi] キュウリ

2) 아우 [아우/au] 兄弟

애 [애ː/ɛː] 아이の縮約形、子ども

02 자음 子音

1) 자음 1(子音1)

(1) 발음하기(発音)

CDを聞いて発音してみましょう。

ㄱ	가구 [가구/kagu] 家具	고기 [고기/kogi] 肉	가다 [가다/kada] 行く
ㄴ	나 [나/na] わたし/ぼく	노루 [노루/noru] 鹿	노래 [노래/norɛ] 歌
ㄷ	다리 [다리/tari] 橋	구두 [구두/kudu] 靴	두 개 [두: 개/tu:gɛ] 2個
ㄹ	오리 [오:리/o:ri] 鴨、アヒル	라디오 [라디오/radio] ラジオ	우리 [우리/uri] わたしたち/我々

(2) 쓰기(書く)

正しい書き順で書いてみましょう。

ㄱ	ㄱ				
ㄴ	ㄴ				
ㄷ	ㄷ	ㄷ			
ㄹ	ㄹ	ㄹ	ㄹ		

(3) 음절(音節)

子音と母音を組み合わせて、音節を作る練習をしてみましょう。

母音 子音	ㅏ	ㅓ	ㅗ	ㅜ	ㅡ	ㅣ	ㅔ	ㅐ
ㄱ			고				게	
ㄴ	나				느			
ㄷ		더				디		
ㄹ				루				래

子音は左側か上に、母音は右側か下に書きます。母音は1つでも音節を作ることができますが、その場合は子音の代わりに「o」を使います。この「o」は子音の場所が空いていることを意味するものです。

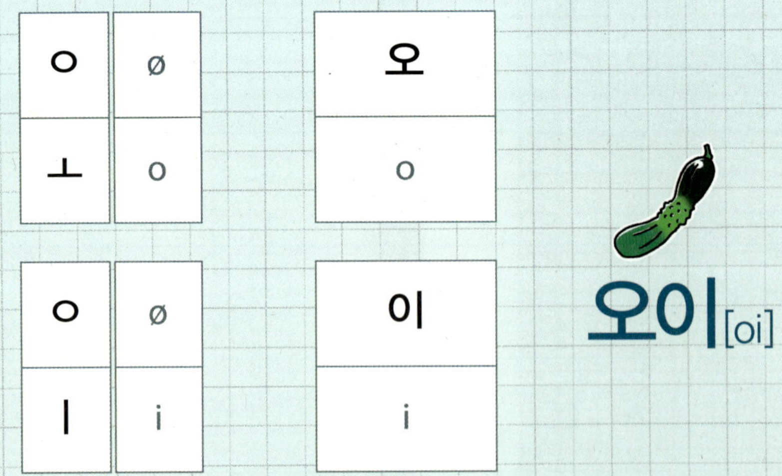

(4) 연습(練習)

読んでみましょう。それからCDを聞き、後について発音してみましょう。

1) 거기[거기/kʌgi] そこ　　　　　누나[누나/nuna] お姉さん

2) 어디[어디/ʌdi] どこ　　　　　나가다[나가다/nagada] 出かける

3) 나라[나라/nara] 国　　　　　내리다[내리다/nɛrida] 降りる

2) 자음 2(子音 2)

(1) 발음하기(発音)

CDを聞いて発音してみましょう。

ㅁ		머리 [머리/mʌri] 頭		모자 [모자/modza] 帽子		무 [무ː/muː] 大根
ㅂ		배 [배/pɛ] 船		바다 [바다/pada] 海		비누 [비누/pinu] 石けん
ㅅ		소 [소/so] 牛		사다 [사다/sada] 買う		새 [새ː/sɛː] 鳥
ㅈ		자 [자ː/tsaː] 物差し		아주머니 [아주머니/adzumʌɲi] おばさん		지도 [지도/tsido] 地図
ㅎ		해 [해/hɛ] 日		지하 [지하/tsiɦa] 地下		허리 [허리/hʌri] 腰

(2) 쓰기(書く)

正しい書き順で書いてみましょう。

ㅁ	ㅁ	ㅁ	ㅁ			
ㅂ	ㅂ	ㅂ	ㅂ	ㅂ		
ㅅ	ㅅ	ㅅ				
ㅈ	ㅈ	ㅈ				
ㅎ	ㅎ	ㅎ	ㅎ			

(3) 음절(音節)

子音と母音を組み合わせて書いてみてください。

子音＼母音	ㅏ	ㅑ	ㅓ	ㅕ	ㅗ	ㅛ	ㅜ	ㅠ	ㅡ	ㅣ
ㅁ				며			무			
ㅂ		뱌							브	
ㅅ	사							슈		
ㅈ					조					지
ㅎ			허			효				

(4) 연습(練習)

読んでみましょう。それからCDを聞き、後について発音してみましょう。

1) 나무[나무/namu]　木　　　　어머니[어머니/ʌmʌni]　お母さん
　　부부[부부/pubu]　夫婦　　　나비[나비/nabi]　チョウチョウ
2) 사이[사이/sai]　間　　　　　소나무[소나무/sonamu]　松の木
　　서다[서다/sʌda]　立つ　　　수고[수고/sugo]　苦労
3) 호수[호수/hosu]　湖　　　　흐리다[흐리다/hɯrida]　曇る
　　휴지[휴지/hjudzi]　ちり紙　　하마[하마/hama]　カバ

3) 자음 3(子音 3)

(1) 발음하기(発音)

CDを聞いて発音してみましょう。

ㅊ	차 [차/tsʰa] 車	고추 [고추/kotsʰu] 唐辛子	치마 [치마/tsʰima] スカート
ㅋ	코 [코/kʰo] 鼻	키 [키/kʰi] 背	크다 [크다/kʰɯda] 大きい
ㅌ	타조 [타:조/tʰa:dzo] ダチョウ	투수 [투수/tʰusu] 投手	도토리 [도토리/totʰori] どんぐり
ㅍ	포도 [포도/pʰodo] ぶどう	파 [파/pʰa] ネギ	파도 [파도/pʰado] 波

(2) 쓰기(書く)

正しい書き順で書いてみましょう。

ㅊ	ㅊ	ㅊ	ㅊ		
ㅋ	ㅋ	ㅋ			
ㅌ	ㅌ	ㅌ	ㅌ		
ㅍ	ㅍ	ㅍ	ㅍ	ㅍ	

(3) 음절(音節)

子音と母音を組み合わせて書いてみてください。母音は子音の右側(ㅏ, ㅓ, ㅣ, ㅐ, ㅔ)にくるものと、子音の下に(ㅗ, ㅜ, ㅡ)くるものがあります。

母音 / 子音	ㅏ	ㅑ	ㅓ	ㅕ	ㅗ	ㅛ	ㅜ	ㅠ	ㅡ	ㅣ
ㅊ			처				추			
ㅋ		캬							크	
ㅌ					토					티
ㅍ	파					표				

読んでみましょう。それからCDを聞き、後について発音してみましょう。

1) 채소[채:소/tsʰɛːso]　野菜
2) 커피[커피/kʰʌpʰi]　コーヒー
3) 우표[우표/upʰjo]　切手

우체국[우체국/utsʰeguk]　郵便局
카메라[카메라/kʰamera]　カメラ
스피커[스피커/sɯpʰikʰʌ]　スピーカー

4) 자음 4(子音 4)

(1) 발음하기(発音)

CDを聞いて発音してみましょう。

ㄲ	까치 [까치/k'atsʰi] カササギ	토끼 [토끼/tʰok'i] ウサギ	꼬리 [꼬리/k'ori] しっぽ
ㄸ	띠 [띠/t'i] 帯	따다 [따다/t'ada] もぎとる	뜨다 [뜨다/t'ɯda] 編む
ㅃ	뿌리 [뿌리/p'uri] 根	뽀뽀 [뽀뽀/p'op'o] チュー	바쁘다 [바쁘다/pap'ɯda] 忙しい
ㅆ	쓰다 [쓰다/s'ɯda] 書く	비싸다 [비싸다/pis'ada] 高い	아가씨 [아가씨/agaɕ'i] お嬢さん
ㅉ	찌개 [찌개/ts'igɛ] 煮込み汁	짜다 [짜다/ts'ada] 絞る	버찌 [버찌/pʌts'i] (cherry) さくらんぼ

(2) 음절(音節)

正しい書き順で書いてみましょう。

子音＼母音	ㅏ	ㅑ	ㅓ	ㅕ	ㅗ	ㅛ	ㅜ	ㅠ	ㅡ	ㅣ
ㄲ			꺼				꾸			
ㄸ	따									띠
ㅃ				뼈					쁘	
ㅆ			써				쑤			
ㅉ					쪼					찌

(3) 연습(練習)

読んでみましょう。それからCDを聞き、後について発音してみましょう。

1) 꼬마 [꼬마/k'oma] ちびっこ
  따다 [따다/t'ada] もぎ取る
2) 아빠 [아빠/ap'a] お父さん
  쏘다 [쏘:다/s'o:da] 射る
3) 짜다 [짜다/ts'ada] しょっぱい
  가짜 [가짜/kats'a] 偽物

바꾸다 [바꾸다/pak'uda] 換える
떠나다 [떠나다/t'ʌnada] 去る
빠르다 [빠르다/p'arɯda] 速い
쓰러지다 [쓰러지다/s'ɯrʌdzida] 倒れる
찌르다 [찌르다/ts'irɯda] 刺す

(1) 발음하기(発音)

ㅒ	얘기 [얘:기/jɛ:gi] 이야기の縮約形		
ㅖ	폐 [폐/페/pʰje/pʰe] 肺	시계 [시계/시게/ ɕigje/ɕige] 時計	
ㅘ	사과 [사과/sagwa] りんご	화가 [화가/hwaga] 画家	
ㅙ	왜 [왜/wɛ] なぜ	돼지 [돼:지/twɛ:dzi] 豚	
ㅚ	외투 [웨:투/we:tʰu] コート	최고 [췌:고/tsʰwe:go] 最高	회사 [훼사/hwesa] 会社
ㅝ	더워요 [더워요/tʌwʌjo] 暑いです	추워요 [추워요/tsʰuwʌjo] 寒いです	무거워요 [무거워요/ mugʌwʌjo] 重いです
ㅞ	궤도 [궤:도/kwe:do] 軌道		
ㅟ	위 [위/y/wi] 上	귀 [귀/ky/kwi] 耳	뒤 [뒤:/ty:/twi:] 後ろ
ㅢ	의사 [의사/ɰisa] 医師	의자 [의자/ɰidza] 椅子	회의 [훼이/hwei] 会議

正しい書き順で書いてみましょう。

ㅒ	ㅒ	ㅒ	ㅒ	ㅒ		
ㅖ	ㅖ	ㅖ	ㅖ	ㅖ		
ㅘ	ㅘ	ㅘ	ㅘ	ㅘ		
ㅙ	ㅙ	ㅙ	ㅙ	ㅙ	ㅙ	
ㅚ	ㅚ	ㅚ	ㅚ			
ㅝ	ㅝ	ㅝ	ㅝ	ㅝ		
ㅞ	ㅞ	ㅞ	ㅞ	ㅞ	ㅞ	
ㅟ	ㅟ	ㅟ	ㅟ			
ㅢ	ㅢ	ㅢ				

(3) 연습(練習)

読んでみましょう。それからCDを聞き、後について発音してみましょう

1) 예의[예이/jei]　礼儀　　　세계[세:계/세:게/se:gje/se:ge]　世界

2) 봐요[봐:요/pwa:jo]　見ます　　　괴로워요[궤로워요/kwerowʌjo]　つらいです

3) 쉬다[쉬:다/ʃy:da/ʃwi:da]　休む　　　의미[의미/ɯimi]　意味

「子音+母音+子音」で構成される音節を勉強しましょう。最後にくる子音は「パッチム」と言い、「子音+母音」の音節の下に書きます。

(1) 발음하기(発音)

CDを聞いて発音してみましょう。

ㄱ, ㅋ, ㄲ [k]	책 [책/tsʰɛk] 本	부엌 [부억/puʌk] 台所	낚시 [낙씨/nakɕ'i] 釣り
ㄴ [n]	눈 [눈/nun] 目	산 [산/san] 山	돈 [돈ː/toːn] お金
ㄷ, ㅅ, ㅈ [t] ㅊ, ㅌ, ㅎ	걷다 [거ː따/kəː(t)t'a] 歩く	빗 [빋/pit] くし	낮 [낟/nat] 昼、日中
	꽃 [꼳/k'ot] 花	밭 [받/pat] 畑	히읗 [히읃/hiɯt] 「ㅎ」
ㄹ [l]	달 [달/tal] 月	발 [발/pʌl] 足	팔 [팔/pʰal] 腕
ㅁ [m]	곰 [곰ː/koːm] 熊	밤 [밤/pam] 夜	엄마 [엄마/ʌmma] お母ちゃん （ママ）

| ㅂ ㅍ
[p] |  | 집
[집/tsip]
家 |  | 앞
[압/ap]
前 |  | 무릎
[무릅/murɯp]
ひざ |
| ㅇ
[ŋ] |  | 강
[강/kaŋ]
川/河 |  | 공
[공:/koːŋ]
ボール |  | 창문
[창문/tsʰaŋmun]
窓 |

(2) 연습(練習)

読んでみましょう。それからCDを聞き、後について発音してみましょう。

1) 벽[벽/pjʌk] 壁   남녘[남녁/namɲʌk] 南の方

  깎다[깍따/k'akt'a] 削る   문[문/mun] 門（ドア）

2) 곧[곧/kot] すぐに   낫[낟/nat] 鎌

  벚[벋/pʌt] さくらんぼ   빛[빋/pit] 光

  끝[끋/k'ɯt] 終わり

3) 알다[알:다/aːlda] 知る   몸[몸/mom] 体

  밥[밥/pap] ご飯   잎[입/ip] 葉

  공장[공장/koŋdzaŋ] 工場

한글의 발음 규칙
ハングルの発音の規則

韓国語にはいくつかの発音の規則があります。「習うより慣れろ」で少しずつ発音の練習をしましょう。

01 연음 법칙　　　　　　　　　　　　　連音の規則

1つの音節の終声、つまりパッチムの後に母音で始まる語尾、助詞、接尾辞がくるとき、そのパッチムは次の音節の初声として発音されます。

文字(発音)	文字(発音)	文字(発音)
꽃이 [꼬치/k'otsʰi]	옷을 [오슬/osɯl]	먹어요 [머거요/mʌgʌjo]
밥이 [바비/pabi]	부엌에 [부어케/puʌkʰe]	닫아요 [다다요/tadajo]
문어 [무너/munʌ]	마음에 [마으메/maɯme]	살아요 [사라요/sarajo]

韓国語の阻害音(発音器官の妨げを受けて出る音で破裂音、摩擦音、破擦音を総称すること
ば、妨げ音とも言う)は終声として使用されるとき、同じ位置で出る破裂音に中和されます。
例えば、後舌と軟口蓋の間から出る音である軟口蓋音/ㄱ ㄲ ㅋ/は終声で/ㄱ/と発音されますの
で、「국[국], 밖[박], 부엌[부억]」のように発音されます。

*破裂音：肺から出てくる空気を閉鎖し、その閉鎖したところを開放することによって出る音で、「ㅂ, ㅃ,
ㅍ, ㄷ, ㄸ, ㅌ, ㄱ, ㄲ, ㅋ」などがある。
*摩擦音：口の中や声帯などの調音器官が狭くなった隙間で空気の摩擦を利用して作り出される音で、「ㅅ,
ㅆ, ㅎ」などがある。
*破擦音：破裂音と摩擦音の二つの性質を持つ音で、「ㅈ, ㅉ, ㅊ」などがある。

文字	発音	例
ㄱ, ㅋ, ㄲ	[k]	국, 부엌, 밖
ㄷ, ㅅ, ㅆ, ㅈ, ㅊ, ㅌ, ㅎ	[t]	곧, 다섯, 갔다, 빛, 빚, 끝, 히읗
ㅂ, ㅍ	[p]	밥, 숲

韓国語には11個の二重パッチム「ㄳ, ㄵ, ㄶ, ㄺ, ㄻ, ㄼ, ㄽ, ㄾ, ㄿ, ㅀ, ㅄ」がありますが、こ
の二重パッチムは、語尾や子音の前で1つの子音が脱落して単純化されます。韓国語には7つ
の子音、つまり/ㄱ, ㄴ, ㄷ, ㄹ, ㅁ, ㅂ, ㅇ/だけが終声で発音されますが、二重パッチムの場
合、前の子音が脱落することも、後ろの子音が脱落することもあります。

(1) 첫소리만 발음되는 경우(初声だけ発音される場合)

二重パッチム「ㄳ, ㄵ, ㄼ, ㄾ, ㅄ」の場合、2つ目の音が脱落し初声だけ発音されます。

文字(発音)	文字(発音)	文字(発音)
넋 [넉/nʌk]	앉다 [안따/ant'a]	외곬 [웨골/wegol]
핥다 [할따/halt'a]	값 [갑/kap]	몫 [목/mok]

(2) 첫소리는 그대로 발음되고 둘째 소리는 바뀌는 경우(初声はそのまま発音され、2つ目の音が変わる場合)

二重パッチム「ㄶ, ㅀ」の場合、初声はそのまま発音されますが、2つ目の音/ㅎ/は/ㄱ, ㄷ, ㅈ/の前でこれと融合し/ㅋ, ㅌ, ㅊ/と発音され、/ㅅ, ㄴ/の前では脱落します。

文字(発音)	文字(発音)	文字(発音)
많고 [만ː코/maːnkʰo]	많다 [만ː타/maːntʰa]	많지 [만ː치/maːntsʰi]
싫고 [실코/ɕilkʰo]	싫다 [실타/ɕiltʰa]	싫지 [실치/ɕiltsʰi]
많소 [만ː쏘/maːns'o]	많네 [만ː네/maːnne]	
뚫소 [뚤쏘/t'uls'o]	뚫네 [뚤레/t'ulle]	

(3) 둘째 소리만 발음되는 경우(2つ目の音だけが発音される場合)

二重パッチム「ㄻ, ㄿ」の場合、初音は脱落し2つ目の音だけが発音されます。

文字(発音)	文字(発音)	文字(発音)
삶 [삼ː/saːm]	굶다 [굼ː따/kuːmt'a]	젊다 [점ː따/tsəːmt'a]
읊다 [읍따/ɯpt'a]	읊지 [읍찌/ɯpts'i]	읊고 [읍꼬/ɯpk'o]

(4) 첫소리만 발음되거나 둘째 소리만 발음되는 경우(初声だけ発音されたり、2つ目の音だけ発音される場合)

二重パッチムの「ㄼ」では/ㅂ/が脱落し、/ㄹ/だけ発音するのが普通ですが、「밟다」「넓죽하다」「넓둥글다」の場合は例外的に/ㄹ/が脱落して/ㅂ/だけ発音します。

文字(発音)	文字(発音)	文字(発音)
여덟 [여덜/jʌdʌl]	짧다 [짤따/ts'alt'a]	짧고 [짤꼬/ts'alk'o]
넓다 [널따/nʌlt'a]	넓지 [널찌/nʌlts'i]	넓고 [널꼬/nʌlk'o]
밟다 [밥ː따/paːpt'a]	밟지 [밥ː찌/paːpts'i]	밟고 [밥ː꼬/paːpk'o]

同じく二重パッチム「리」では最初の子音が脱落し、2つ目の子音/ㄱ/だけ発音するのが普通ですが、その後に/ㄱ/が続くときは2つ目の子音が脱落し、初めの子音/ㄹ/だけを発音します。

文字(発音)	文字(発音)	文字(発音)	文字(発音)
읽다 [익따/ikt'a]	읽지 [익찌/ikts'i]	읽고 [일꼬/ilk'o]	읽게 [일께/ilk'e]
맑다 [막따/makt'a]	맑지 [막찌/makts'i]	맑고 [말꼬/malk'o]	맑게 [말께/malk'e]

04 비음화   鼻音化

(1) 장애음의 비음화(阻害音の鼻音化)

破裂音/ㅂ, ㄷ, ㄱ/は、鼻音/ㄴ, ㅁ, ㅇ/の前で/ㅁ, ㄴ, ㅇ/に変わります。鼻音の影響で破裂音/ㅂ, ㄷ, ㄱ/が同じ位置で発音される鼻音/ㅁ, ㄴ, ㅇ/に変わるのです。

文字(発音)	文字(発音)	文字(発音)
앞마당 [암마당/ammadaŋ]	믿는나 [민는다/minnɯnda]	한국발 [한ː궁말/haːnguŋmal]
입는 [임는/imnɯn]	있는 [인는/innɯn]	학년 [항년/haŋnʌn]

(2) 유음의 비음화(流音の鼻音化)

流音/ㄹ/は、/ㄴ/と/ㄹ/以外の子音の後では/ㄴ/に変わります。

文字(発音)	文字(発音)	文字(発音)
심리 [심니/ɕimɲi]	정류장 [정뉴장/tsʌŋɲudzaŋ]	등록금 [등노끔/tɯŋnok'ɯm]
염려 [염녀/jʌmɲʌ]	국립 [궁닙/kuŋɲip]	대학로 [대항노/tɛɦaŋno]

05 경음화 濃音化

初声の/ㄱ, ㄷ, ㅂ, ㅅ, ㅈ/は、阻害音の後では濃音/ㄲ, ㄸ, ㅃ, ㅆ, ㅉ/に変わります。

文字(発音)	文字(発音)	文字(発音)
학교 [학꾜/hakk'jo]	받다 [받따/pa(t)t'a]	꽃밭 [꼳빧/k'otp'at]
국수 [국쑤/kuks'u]	국자 [국짜/kukts'a]	책상 [책쌍/tsʰɛks'aŋ]

06　**격음화**　　　　　　　　　　　　　　　　　　　激音化

/ㄱ, ㄷ, ㅂ, ㅈ/は/ㅎ/が前や後にあると/ㅎ/と結合し、激音/ㅋ, ㅌ, ㅍ, ㅊ/になります。

文字(発音)	文字(発音)	文字(発音)	文字(発音)
국화 [구콰/kukʰwa]	맏형 [마텽/matʰjʌŋ]	입학 [이팍/ipʰak]	앉히다 [안치다/antsʰida]
놓고 [노코/nokʰo]	놓다 [노타/notʰa]	놓지 [노치/notsʰi]	많다 [만ː타/maːntʰa]

07　**구개음화**　　　　　　　　　　　　　　　　　　口蓋音化

パッチム/ㄷ, ㅌ/はその後ろに「이」や「히」がきたら、/ㅈ, ㅊ/に変わります。

文字(発音)	文字(発音)	文字(発音)
굳이 [구지/kudzi]	맏이 [마지/madzi]	해돋이 [해도지/hɛdodzi]
같이 [가치/katsʰi]	끝이 [끄치/kʼɯtsʰi]	굳히다 [구치다/kutsʰida]

パッチム/ㅎ/は、母音で始まることばの前で脱落します。

文字(発音)	文字(発音)	文字(発音)
좋아요 [조:아요/tso:ajo]	좋은 [조:은/tso:ɯn]	좋을 [조:을/tso:ɯl]
많아요 [마:나요/ma:najo]	많은 [마:는/ma:nɯn]	많을 [마:늘/ma:nɯl]

사 전 찾 기　　　　　　　　　　　　　　　　　　　辞書引き

韓国語の辞書に出てくるハングルの順序は次の通りです。皆さんも韓国語の辞書をどんどん使ってみましょう。

1	초성 初声	ㄱ ㄲ ㄴ ㄷ ㄸ ㄹ ㅁ ㅂ ㅃ ㅅ ㅆ ㅇ ㅈ ㅉ ㅊ ㅋ ㅌ ㅍ ㅎ
2	중성 中声	ㅏ ㅐ ㅑ ㅒ ㅓ ㅔ ㅕ ㅖ ㅗ ㅘ ㅙ ㅚ ㅛ ㅜ ㅝ ㅞ ㅟ ㅠ ㅡ ㅢ ㅣ
3	종성(받침) 終声(パッチム)	ㄱ ㄲ ㄳ ㄴ ㄵ ㄶ ㄷ ㄹ ㄺ ㄻ ㄼ ㄽ ㄾ ㄿ ㅀ ㅁ ㅂ ㅄ ㅅ ㅆ ㅇ ㅈ ㅊ ㅋ ㅌ ㅍ ㅎ

모음(母音)

글자 文字	ㅏ	ㅓ	ㅗ	ㅜ	ㅡ	ㅣ	ㅔ	ㅐ
음가 発音	[a]	[ʌ/ə:]	[o]	[u]	[ɯ]	[i]	[e]	[ɛ]
글자 文字	ㅑ	ㅕ	ㅛ	ㅠ			ㅖ	ㅒ
음가 発音	[ja]	[jʌ/jə:]	[jo]	[ju]			[je]	[jɛ]
글자 文字	ㅘ	ㅝ	ㅚ	ㅟ	ㅢ		ㅞ	ㅙ
음가 発音	[wa]	[wʌ]	[we]	[y/wi]	[ɰi/i]		[we]	[wɛ]

자음(子音)

글자 文字		ㄱ	ㄴ	ㄷ	ㄹ	ㅁ	ㅂ	ㅅ	ㅇ	ㅈ	ㅎ
음가 発音	첫소리 初声	[k]	[n/ɲ]	[t]	[r]	[m]	[p]	[s/ɕ/ʃ]	–	[ts]	[h]
	어중 語中	[g]	[n/ɲ]	[d]	[r/l/ʌ]	[m]	[b]	[s/ɕ/ʃ]	–	[dz]	[ɦ]
	받침 パッチム	[k]	[n]	[t]	[l]	[m]	[p]	[t]	[ŋ]	[t]	[t]

글자 文字		ㅋ	ㅌ	ㅍ	ㅊ
음가 発音	첫소리 初声	[kʰ]	[tʰ]	[pʰ]	[tsʰ]
	어중 語中	[kʰ]	[tʰ]	[pʰ]	[tsʰ]
	받침 パッチム	[k]	[t]	[p]	[t]

글자 文字		ㄲ	ㄸ	ㅃ	ㅆ	ㅉ
음가 発音	첫소리 初声	[k']	[t']	[p']	[s'/ɕ']	[ts']
	어중 語中	[k']	[t']	[p']	[s'/ɕ']	[ts']
	받침 パッチム	[k]	–	–	[t]	–

*語中は二番目の音節での初声です。

韓国語基礎会話

본문

한국어 기초 회화

우리 탐께
열심히
공부해 봐요 !

안녕하세요? お元気ですか

学習目標

状況
自己紹介をする
語彙
挨拶、国
職業、趣味
文法
N은/는 N입니다
N이/가 무엇입니까?
제 N

최지영	안녕하세요?
로 이	안녕하십니까?
최지영	제 이름은 최지영입니다.
로 이	제 이름은 로이입니다.
최지영	저는 한국 사람입니다.
	로이 씨는 어느 나라 사람입니까?
로 이	저는 홍콩 사람입니다.
최지영	만나서 반갑습니다.
로 이	만나서 반갑습니다.

韓国人は目上の人に挨拶するとき、45度のお辞儀を丁寧にします。お辞儀をせずに「안녕하세요?」だけだったり手だけ振ってしまうと、礼儀のない人だと思われてしまいますので気をつけましょう。知り合いに対しては「식사 하셨어요?（お食事なさいましたか）」「밥 먹었어요?（ご飯食べましたか）」という挨拶のことばもよく使われます。

이름은[이르믄/irɯmɯn]　　안녕하십니까[안녕하심니까/aŋnʌŋhaɕimɲikʼa]
사람입니다[사:라밈니다/saːramimɲida]　　반갑습니다[반갑씀니다/paŋgapsʼɯmɲida]

어휘와 표현 語彙と表現

挨拶の表現は、60~61ペー
ジでまとめて扱いますので
参考にしてください。

01 인사 挨拶

안녕하세요? お元気ですか

안녕하십니까? お元気ですか

만나서 반갑습니다 会えて嬉しいです

02 나라 国

03 직업   職業

선생님 先生   학생 学生   의사 医者

경찰관 警察官   요리사 料理師、料理人   영화배우 映画俳優

04 취미   趣味

야구 野球   요리 料理   축구 サッカー

독서 読書   태권도 跆拳道、テコンドー

영화 감상 映画鑑賞

05 기타   その他

네 はい(返事)   이름 名前

어느 나라 사람입니까? どこの国の人ですか

비음화(鼻音化)

발 음 규 칙 発 音 規 則

破裂音/ㅂ, ㄷ, ㄱ/は、鼻音/ㄴ, ㅁ, ㅇ/の前で/ㅁ, ㄴ, ㅇ/に変わります。鼻音の影響で
破裂音/ㅂ, ㄷ, ㄱ/が同じ位置で発音される鼻音/ㅁ, ㄴ, ㅇ/に変わります。

안녕하십니까 ⇒ [안녕하심니까]
ㅂ ＋ ㄴ ⇒ ㅁ ＋ ㄴ

반갑습니다[반갑씀니다/pangaps'ɯmɲida]   최지영입니다[췌지영임니다/tsʰwedzijʌɲimɲida]

무엇입니까[무어심니까/muʌɕimɲik'a]   사람입니다[사:라밈니다/sa:ramimɲida]

문법 文法

01　N은/는 N입니다
NはNです

韓国語は助詞を使用する言語です。「N은/는」の「은」と「는」は同じ意味ですが、名詞の最終音節にパッチムがあるときは「은」を、パッチムがないときは「는」を使います。

제 이름은 최지영입니다.

저는 한국 사람입니다.

저는 학생입니다.

02　N이/가 무엇입니까?
Nは何ですか

名詞の最終音節にパッチムがあるときは「N이」、パッチムがないときは「N가」を使います。

이름이 무엇입니까?

직업이 무엇입니까?

취미가 무엇입니까?

韓国語の助詞「이/가」は両方とも日本語の「が」に該当します。そのため助詞「이」を使うべきとき「가」を使ってしまう日本の学習者が多いのですが、韓国語は名詞の最後の音節にパッチムがあるときは「이」を、パッチムがないときは「가」を使わなくてはいけません。皆さん気をつけましょう！（例：머리카락가 ×→머리카락이 ○, 휴지통가 ×→휴지통이 ○）

03 제 N   私のN

제 이름은 스테파니입니다.

제 취미는 야구입니다.

제 직업은 의사입니다.

04 N 사람   N人

国籍は国名に「〜사람」をつけます。

한국 사람	중국 사람
일본 사람	미국 사람

05 N 씨   Nさん

최지영 씨	이준기 씨
스테파니 씨	왕샤위 씨

회화 연습 会話練習

例文を参考にして練習してみましょう。

최지영

가 : 이름이 무엇입니까?
나 : 제 이름은 최지영입니다.

로베르토

가 : 이름이 무엇입니까?
나 : 제 이름은 _____________입니다.

리리

가 : _______________________?
나 : _______________________.

퍼디

가 : _______________________?
나 : _______________________.

마스미

가 : _______________________?
나 : _______________________.

02   어느 나라 사람입니까?   どこの国の人ですか。

例文を参考にして練習してみましょう。

독일 | 비비엔

가 : 어느 나라 사람입니까?
나 : 저는 독일 사람입니다.

홍콩 | 로이

가 : 어느 나라 사람입니까?
나 : 저는 ___________ 사람입니다.

중국 | 왕샤위

가 : ___________________?
나 : ___________________.

일본 | 마스미

가 : ___________________?
나 : ___________________.

필리핀 | 퍼디

가 : ___________________?
나 : ___________________.

03　직업이 무엇입니까? {職業は何ですか。}

例文を参考にして練習してみましょう。

비비엔
학 생

가 : 비비엔 씨 직업이 무엇입니까?
나 : 제 직업은 학생입니다.

로이
의 사

가 : 로이 씨 직업이 무엇입니까?
나 : 제 직업은 ___________입니다.

왕샤위
경 찰 관

가 : _______________________?
나 : _______________________.

마스미
요 리 사

가 : _______________________?
나 : _______________________.

퍼디
학 생

가 : _______________________?
나 : _______________________.

04 취미가 무엇입니까?   趣味は何ですか。

例文を参考にして練習してみましょう。

야구

가 : 취미가 무엇입니까?
나 : 제 취미는 야구입니다.

요리

가 : 취미가 무엇입니까?
나 : 제 취미는 ＿＿＿＿＿＿＿입니다.

축구

가 : ＿＿＿＿＿＿＿＿＿＿＿＿＿＿＿?
나 : ＿＿＿＿＿＿＿＿＿＿＿＿＿＿＿.

독서

가 : ＿＿＿＿＿＿＿＿＿＿＿＿＿＿＿?
나 : ＿＿＿＿＿＿＿＿＿＿＿＿＿＿＿.

태권도

가 : ＿＿＿＿＿＿＿＿＿＿＿＿＿＿＿?
나 : ＿＿＿＿＿＿＿＿＿＿＿＿＿＿＿.

이준기와 이야기하기 イ・ジュンギと話そう

|자기소개하기| 自己紹介をする

CDを聞きながら、イ・ジュンギと話してみましょう。

이준기　안녕하십니까?
　　　　제 이름은 이준기입니다.
　　　　저는 한국 사람입니다.
　　　　저는 영화배우입니다.
　　　　제 취미는 태권도입니다.
　　　　만나서 반갑습니다.

비비엔　안녕하세요?
　　　　제 이름은 비비엔입니다.
　　　　저는 독일 사람입니다.
　　　　저는 학생입니다.
　　　　제 취미는 영화 감상입니다.
　　　　만나서 반갑습니다.

안녕하십니까?

제 이름은 ___________________________.

저는 ___________________________.

저는 ___________________________.

제 취미는 ___________________________.

만나서 반갑습니다.

인사하기 挨拶をする

안녕하십니까?
こんにちは。

안녕하세요?
こんにちは。

안녕히 계세요.
さようなら。

안녕히 가세요.
さようなら。

잘 먹겠습니다.
いただきます。
잘 먹었습니다.
ごちそうさまでした。

다녀오겠습니다.
いってきます。
잘 다녀와.
다녀오세요.
行っておいで、
行ってきなさい。
いってらっしゃい。

감사합니다.
고맙습니다.
ありがとうございます。
뭘요?
천만에요.
いいえ、そんな。
(とんでも
ありません。)

죄송합니다.
미안 합니다.
申し訳ございません。
すみません。
아니에요.
(괜찮아요.)
違います。
(大丈夫です。)

＊「주말 잘 지내세요」と「주말 잘 보내세요」は
表現は違いますが、同じ意味で使われます。

＊日本語の「見る」は「目で見る」という意味ですが、韓国語の「보다」は、目で見るという意味とともに「会う」と
いう意味もあります。したがって「또 만나요(また会いましょう)」「내일 만나요(明日会いましょう)」と挨拶する人
もいれば、「또 봐요(また見ましょう)」「내일 봐요(明日見ましょう)」と挨拶する人もいます。

ショッピングと金融のストリート、明洞

韓国のショッピング天国、明洞。デパートやショッピングモール、
多様なファッションビルが並ぶこの場所は、
流行を先取りするファッショニスタ、ストリート。
一方、韓国の貨幣を発行する韓国銀行があり、
国内外の主要の金融会社が集まる金融ストリートでもある。
1898年に建設され、この賑やかな街の歴史とともに
歩んできた明洞聖堂は、韓国が誇る名所の1つで、
朝日が昇るころや夕日が沈むころに聖堂から見下ろす風景は壮観だ。

이것은 무엇입니까?

これは何ですか

02

学習目標

状況
ものを尋ねて答える
語彙
生活必需品、
食べ物の名前
文法
지시 대명사
N은/는 N입니까?
네, N입니다
아니요, N이/가 아닙니다

CD로 들어 보세요

리 리	이것은 무엇입니까?
이준기	그것은 교통카드입니다.
리 리	그것은 떡볶이입니까?
이준기	네, 이것은 떡볶이입니다.
리 리	저것은 김밥입니까?
이준기	아니요, 김밥이 아닙니다. 저것은 호떡입니다.

韓国の「포장마차（屋台）」でよく食べる代表的な食べ物にはトッポッキ、ホットック、キムパプなどがあります。特にトッポッキは辛いですが、外国人にも大人気だそうです。ぜひ一度召し上がってみてください！

이것은[이거슨/igʌsɯn]　무엇입니까[무어심니까/muʌɕimɲik'a]　떡볶이[떡뽀끼/t'ʌkp'ok'i]
호떡입니까[호떠김니까/hot'ʌgimɲik'a]　김밥입니다[김:바빔니다/ki:mbabimɲida]

어휘와 표현 語彙と表現

01 생활필수품 1 生活必需品 1

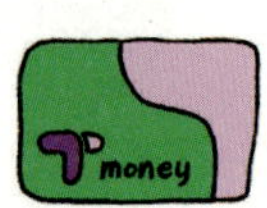
교통카드 交通カード

전화카드 電話カード

휴대폰 携帯電話

시계 時計

구두 靴

가방 かばん

지갑 財布

안경 眼鏡

02 생활필수품 2 生活必需品 2

컵 コップ

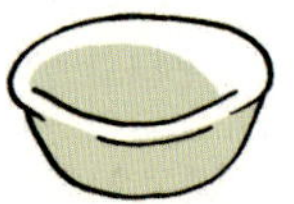
그릇 茶碗、器

숟가락 匙

젓가락 箸

수세미 たわし

03 생활필수품 3 生活必需品 3

수건 タオル、手拭い

비누 石鹸

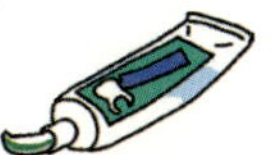
치약 歯磨き粉

칫솔 歯ブラシ

샴푸 シャンプー

린스 リンス

04 음식 이름 食べ物の名前

떡볶이 トッポッキ

김밥 のり巻き

호떡 ホットック

비빔밥 ビビンパ

불고기 プルゴギ

자장면 ジャジャン麺

연음 법칙(連音法則)

발 음 규 칙 発 音 規 則

1つの音節の終声、つまりパッチムの後に母音で始まる語尾、助詞、接尾辞がくるとき、そのパッチムは次の音節の初声として発音されます。

이것은 ⇒ [이거슨]

이름은[이르믄/irɯmɯn]　　선생님이에요[선생니미에요/sʌnsɛŋɲimiejo]
무엇입니까[무어심니까/muʌɕimɲik'a]　　호떡을[호떠글/hot'ʌgɯl]

문법 文法

01 이것/그것/저것/무엇 これ/それ/あれ/どれ

이것은 교통카드입니다.
그것은 휴대폰입니다.

저것은 김밥입니다.
이것은 **무엇**입니까?

02 N은/는 N입니까? NはNですか

名詞の最終音節では、パッチムの有無にかかわらず、「N입니까?」を使います。

이것은 교통카드**입니까?**

그것은 휴대폰**입니까?**

저것은 김밥**입니까?**

03 네, N입니다
아니요, N이/가 아닙니다

はい、Nです
Nではありません

名詞の最終音節にパッチムがあるときは「N이 아닙니다」を使い、パッチムがないときは「N가 아닙니다」を使います。

네, 교통카드입니다.
아니요, 교통카드가 아닙니다.

네, 휴대폰입니다.
아니요, 휴대폰이 아닙니다.

네, 김밥입니다.
아니요, 김밥이 아닙니다.

|活用練習| 下の空欄に正しく書き入れましょう。

N	N입니까?	N입니다	N이/가 아닙니다
교통카드	교통카드입니까?	교통카드입니다	교통카드가 아닙니다
시계		시계입니다	
떡볶이	떡볶이입니까?	떡볶이입니다	
김밥		김밥입니다	
휴대폰	휴대폰입니까?		

회화 연습 会話練習

01　이것은 무엇입니까?　　　　　　これは何ですか。

例文を参考にして練習してみましょう。

가방

리리 : 이것은 무엇입니까?
이준기 : 그것은 가방입니다.

지갑

가 : 이것은 무엇입니까?
나 : 그것은 ＿＿＿＿＿＿＿입니다.

안경

가 : ＿＿＿＿＿＿＿＿＿＿＿?
나 : ＿＿＿＿＿＿＿＿＿＿＿.

구두

가 : ＿＿＿＿＿＿＿＿＿＿＿?
나 : ＿＿＿＿＿＿＿＿＿＿＿.

전화카드

가 : ＿＿＿＿＿＿＿＿＿＿＿?
나 : ＿＿＿＿＿＿＿＿＿＿＿.

02 네, 그것은 김밥입니다.

はい、それはのり巻きです。

例文を参考にして練習してみましょう。

김밥

리리 : 이것은 김밥입니까?
이준기 : 네, 그것은 김밥입니다.

비빔밥

가 : 이것은 비빔밥입니까?
나 : 네, 그것은 ___________입니다.

 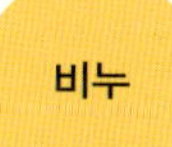

치약

가 : _______________________?
나 : _______________________.

비누

가 : _______________________?
나 : _______________________.

샴푸

가 : _______________________?
나 : _______________________.

03 아니요, 김밥이 아닙니다.

例文を参考にして練習してみましょう。

김밥 X
호떡 ○

가 : 이것은 김밥입니까?
나 : 아니요, 김밥이 아닙니다.
　　그것은 호떡입니다.

비빔밥 X
삼계탕 ○

가 : 이것은 비빔밥입니까?
나 : 아니요, ________이/가 아닙니다.
　　그것은 _________입니다.

불고기 X
자장면 ○

가 : _________________________?
나 : _________________________.
　　_________________________.

비누 X
수건 ○

가 : _________________________?
나 : _________________________.
　　_________________________.

숟가락 X
젓가락 ○

가 : _________________________?
나 : _________________________.
　　_________________________.

이준기와 이야기하기 *イ・ジュンギと話そう*

|물건 이름 물어보기| 物の名前を尋ねる

CDを聞きながら、イ・ジュンギと話してみましょう。

이 준 기   이것은 시계입니까?

스테파니   네, 그것은 시계입니다.

이 준 기   그것은 무엇입니까?

스테파니   이것은 컴퓨터입니다.

이 준 기   저것은 전화카드입니까?

스테파니   아니요, 저것은 전화카드가
　　　　　 아닙니다.
　　　　　 교통카드입니다.

가   __________은/는 ______________입니까?

나   네, _______은/는 ______________입니다.

가   __________은/는 ______________입니까?

나   __________은/는 ______________입니다.

가   __________은/는 ______________입니까?

나   아니요, _______은/는 __________이/가 아닙니다.
　　　 ______________입니다.

이~/그~/저~/어느~ この~/その~/あの~/どの~

指示・方向の代名詞「이(この)、그(その)、저(あの)、어느(どの)」は、後に人、物、場所、方向を表すことばがきます。使い方が少しずつ違いますので、しっかり練習しましょう。

	이~	그~	저~	어느~
사람 人	이 사람	그 사람	저 사람	누구
	이분	그분	저분	어느 분
사물 物	이것	그것	저것	어느 것
				무엇
장소 場所	여기	거기	저기	어디
방향 方向	이쪽	그쪽	저쪽	어느 쪽

伝統と現代が共存するストリート、仁寺洞

お茶の優しい香りが漂う伝統茶屋、
季節の様々な食材を豊富に使う韓定食、
空間の美学を醸し出すギャラリー、形、色彩豊かな伝統民工芸品、
世界唯一のハングル看板「스타벅스(スターバックス)」がある
仁寺洞ストリート…。
韓国の伝統文化と現代文化が共存するこの仁寺洞では、
韓国の伝統アートと現代アートのハーモニーを感じることができる。
꿀타래(クルタレ)や호떡(ホットック)を片手に
ゆっくりのんびりウインドーショッピングするのもおすすめ。

우리 함께
열심히
공부해 봐요 !

이 라면은 한 개에 얼마예요?
このラーメンは1個いくらですか

03

아 저 씨	어서 오세요.
스테파니	이 라면은 한 개에 얼마예요?
아 저 씨	오백 원이에요.
스테파니	라면 두 개하고 맥주 세 병 주세요.
아 저 씨	모두 오천오백 원입니다.
	감사합니다. 안녕히 가세요.
스테파니	안녕히 계세요.

CD로 들어 보세요

韓国のスーパーや食堂へ行くと「아저씨(おじさん)」「아주머니(아줌마)(おばさん)」「아가씨(お嬢さん)」と声を掛ける姿をよく目にすると思いますが、これは人に対する親近感を表した呼び方です。時にはこの親近感をもっと表そうとして「아주머니(아줌마)(おばさま)」を「어머니(お母さん)」や「이모(おばさん)」と呼んだり、「아가씨(お嬢さん)」を「언니(お姉さん)」と呼ぶこともあります。

라면은[라며는/ramjʌnɯn]　　오백 원이에요[오:배궈니에요/oːbɛgwʌɲiejo]
오천오백 원[오:처노:배권/oːtsʰʌnoːbɛgwʌn]　　맥주[맥쭈/mɛktsʼu]

어휘와 표현 語彙と表現

01 생활필수품 4 生活必需品 4

건전지 乾電池　　화장지(티슈) ティッシュペーパー
형광등 蛍光灯　　휴지 ちり紙、トイレットペーパー
휴대폰 携帯電話

02 식품 食品

라면 ラーメン　　컵라면 カップラーメン
빵 パン　　계란 卵
두부 豆腐　　과자 菓子
햄 ハム　　통조림 缶詰

03 음료, 주류 飲料、酒類

물 水　　커피 コーヒー
콜라 コーラ　　소주 焼酎
우유 牛乳　　주스 ジュース
맥주 ビール　　사이다 サイダー

04 과일 果物

사과 りんご	배 なし
바나나 バナナ	수박 すいか
딸기 いちご	포도 ぶどう
감 かき	귤 みかん

05 고기 肉、魚

소고기 牛肉	돼지고기 豚肉
닭고기 鶏肉	생선 魚

06 단위 単位

마리/몇 마리

匹、羽、頭/何匹、何羽、何頭(鶏、魚などを数える単位)

킬로그램(kg)/몇 킬로그램

キログラム/何キログラム(ぶどう、いちご、豚肉、牛肉などを重さを量る単位)

송이/몇 송이

房、輪/何房、何輪(バナナ、ぶどう、花を数える単位)

병/몇 병

本/何本(ビール、コーラ、水などの瓶やペットボトルなどをを数える単位)

개/몇 개

個/何個(りんご、梨、缶飲料、乾電池、ちり紙、ラーメンなどを数える単位)

単位名詞

마리
닭고기, 생선…….

킬로그램(kg)
포도, 딸기, 돼지고기, 소고기…….

송이
바나나, 포도, 꽃…….

병
맥주, 콜라, 물…….

개
사과, 배, 캔음료, 건전지, 휴지, 라면…….

어서 오세요　いらっしゃいませ

얼마예요?　いくらですか

주세요　ください

모두　全部、みんな

깎아 주세요　まけてください

뭘 드릴까요?　何をさしあげましょうか

값　値段

돈　お金

원　ウォン

경음화(濃音化)

발 음 규 칙 発 音 規 則

初声の/ㄱ, ㄷ, ㅂ, ㅅ, ㅈ/はパッチムㄱの後で、濃音/ㄲ, ㄸ, ㅃ, ㅆ. ㅉ/に変わります。

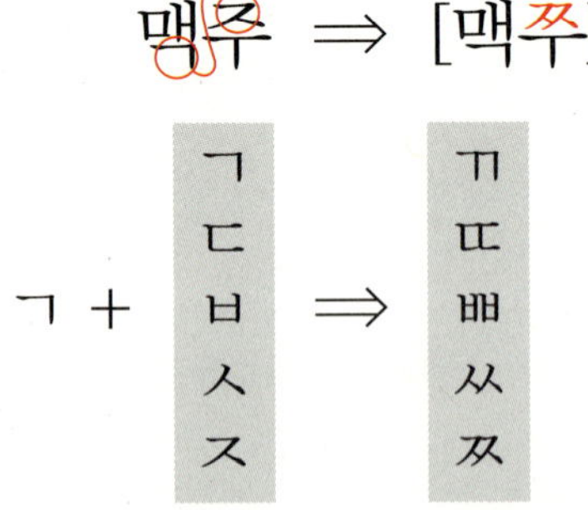

맥주 ⇒ [맥쭈]

$$ㄱ + \begin{matrix}ㄷ\\ㄷ\\ㅂ\\ㅅ\\ㅈ\end{matrix} \Rightarrow \begin{matrix}ㄲ\\ㄸ\\ㅃ\\ㅆ\\ㅉ\end{matrix}$$

학교[학꾜/hakk'jo]　　떡볶이[떡뽀끼/t'ʌkp'ok'i]

닭고기[닥꼬기/takk'ogi]　　읽다[익따/ikt'a]

문법 文法

01 이/그/저 N

この/その/あのN

二人で話をするとき話し手に近い人や物を指すときは「このN」、聞き手に近い
人や物を指すときは「そのN」、話し手と聞き手どちらにも遠い人や物を指すと
きは「あのN」を使います。

이 빵은 얼마예요?

그 사과는 얼마예요?

저 콜라는 얼마예요?

02 N예요/이에요
   N이/가 아니에요

Nです
Nではありません

名詞の最終音節にパッチムがないときは「N예요」「N가 아니에요」を、パッチ
ムがあるときは「N이에요」「N이 아니에요」を使います。2課で習った「N입니
다」「N이/가 아닙니다」と意味は同じですが、普通は女性が話しことばでよく使
います。

바나나예요.	바나나가 아니에요.
음료수예요.	음료수가 아니에요.
과일이에요.	과일이 아니에요.

03 N하고 N

NとN

人や物など2つの名詞をつなげるときに使用する助詞で、接続詞「그리고(そして、それから)」と同じ意味です。名詞の最終音節のパッチムの有無にかかわらず「N하고」と使います。

라면**하고** 두부	커피**하고** 우유
사과**하고** 딸기	맥주**하고** 소주
휴지**하고** 건전지	소고기**하고** 닭고기

|活用練習| 下の空欄に正しく書き入れましょう。

N	N하고 N
라면, 두부	라면하고 두부
커피, 콜라	
햄, 통조림	
바나나, 수박	
건전지, 휴대폰	
밥, 계란	

04 N에 Nに

名詞の最終音節のパッチムの有無にかかわらず「N에」と使います。

사이다는 한 병**에** 칠백 원이에요.

___

그 소고기는 일 킬로그램**에** 얼마예요?

___

이 화장지는 한 개**에** 얼마예요?

___

이 생선은 한 마리**에** 이천 원이에요.

|活用練習| 下の空欄に正しく書き入れましょう。

N	N예요/이에요	N이/가 아니에요
사과	사과예요	사과가 아니에요
포도		포도가 아니에요
바나나		
휴지	휴지예요	휴지가 아니에요
휴대폰		휴대폰이 아니에요
오백 원	오백 원이에요	

05 숫자 数字

|일, 이, 삼…|

1	2	3	4
일	이	삼	사
5	6	7	8
오	육	칠	팔
9	10	11	12
구	십	십일	십이
13	14	15	16
십삼	십사	십오	십육
17	18	19	20
십칠	십팔	십구	이십
30	40	50	60
삼십	사십	오십	육십
70	80	90	100
칠십	팔십	구십	백
1,000	10,000	100,000	1,000,000
천	만	십만	백만

▼
16 십육[심뉵]

|하나, 둘, 셋…|

1	2	3	4
하나 (한 N)	둘 (두 N)	셋 (세 N)	넷 (네 N)
5	6	7	8
다섯	여섯	일곱	여덟
9	10	11	12
아홉	열	열하나 (열한 N)	열둘 (열두 N)
13	14	15	16
열셋 (열세 N)	열넷 (열네 N)	열다섯	열여섯
17	18	19	20
열일곱	열여덟	열아홉	스물 (스무 N)
30	40	50	60
서른	마흔	쉰	예순
70	80	90	100
일흔	여든	아흔	백

▼
11 열하나[열하나]
　　열한[열한]
14 열넷[열렏]
16 열여섯[열려섣]
17 열일곱[열릴곱]
18 열여덟[열려덜]

회화 연습 会話練習

<table>
<tr><td>**01**</td><td>**이것은 컵라면이에요?**</td><td>これはカップラーメンですか。</td></tr>
</table>

例文を参考にして練習してみましょう。

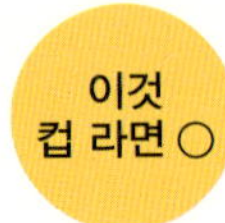

이것
컵 라면 ○

스테파니 : 이것은 컵라면이에요?
아저씨 : 네, 그것은 컵라면이에요.

이것
통조림 X
햄 ○

가 : 이것은 통조림이에요?
나 : 아니요, 그것은 통조림이 아니에요.
　　 햄이에요.

이것
건전지 ○

가 : ________________________?
나 : ________________________.

그것
배 X
사과 ○

가 : ________________________?
나 : ________________________.
　　 ________________________.

저것
과자 X
빵 ○

가 : ________________________?
나 : ________________________.
　　 ________________________.

02 사과하고 딸기 주세요.

りんごといちごをください。

例文を参考にして練習してみましょう。

사과 1개
딸기 1kg

아저씨 : 뭘 드릴까요?
스테파니 : 사과 한 개하고 딸기
일 킬로그램 주세요.

사이다 3병
맥주 2병

가 : 뭘 드릴까요?
나 : _________하고 _______ 주세요.

돼지고기 1kg
닭고기 1마리

가 : _____________________?
나 : _____________________.

계란 10개
캔 커피 5개
화장지 6개

가 : _____________________?
나 : _____________________.

형광등 1개
휴지 7개
바나나 1송이

가 : _____________________?
나 : _____________________.

03 이 사과는 한 개에 얼마예요? 　このりんごは1個いくらですか。

例文を参考にして練習してみましょう。

이 사과
1개
오백 원

500원

스테파니 : 이 사과는 한 개에 얼마예요?
아저씨 : 그 사과는 한 개에
　　　　　오백 원이에요.

이 바나나
1송이
이천 원

2,000원

가 : 이 ______은/는 ______에 얼마예요?
나 : 그 ______은/는 ______에 ______이에요.

이 콜라
1병
육백 원

600원

가 : _______________________?
나 : _______________________.

그 소고기
1킬로그램
만 이천 원

12,000원

가 : _______________________?
나 : _______________________.

그 생선
1마리
삼천오백 원

3,500원

가 : _______________________?
나 : _______________________.

이준기와 이야기하기 イ・ジュンギと話そう

|물건 사기|買い物

CDを聞きながら、イ・ジュンギと話してみましょう。

아주머니	어서 오세요. 뭘 드릴까요?
이 준 기	아주머니, 이 사과는 한 개에 얼마예요?
아주머니	그 사과는 한 개에 오백 원이에요.
이 준 기	그 바나나는 한 송이에 얼마예요?
아주머니	이 바나나는 한 송이에 이천 원이에요.
이 준 기	사과 두 개하고 바나나 두 송이 주세요.
아주머니	여기 있어요. 모두 오천 원이에요.
이 준 기	안녕히 계세요.
아주머니	감사합니다. 안녕히 가세요.

가   어서 오세요. 뭘 드릴까요?

나   아주머니, ________은/는 __________에 얼마예요?

가   ________은/는 _______에 _________이에요.

나   ________은/는 _______에 얼마예요?

가   ________은/는 _______에 _________이에요.

나   ________하고 ___________ 주세요.

가   여기 있어요. 모두 _______________이에요.

나   안녕히 계세요.

가   감사합니다. 안녕히 가세요.

돈 お金

십 원 　10ウォン

오십 원 　50ウォン

백 원 　100ウォン

오백 원 　500ウォン

천 원 　1,000ウォン

오천 원 　5,000ウォン

만 원 　10,000ウォン

오만 원 　50,000ウォン

美しい伝統文化が味わえるストリート、三清洞

朝鮮王朝の由緒ある宮殿の間に位置する三清洞は、
韓国の伝統家屋である「韓屋」が密集するところとして有名だ。
韓屋と韓屋の間のくねくね曲がった細い道を歩いてみると、
ソウルの市街地とは思えないほど古ぼけた壁の
伝統の店の人々が親しげに声を掛けてくる。
石垣が続く道には個性的でお洒落なカフェが立ち並ぶので、
コーヒーを一杯飲みながら至福のひと時を味わおう。
韓屋を改造した有名なデザイナーたちの工房、
芸術品がところ狭しと展示されたギャラリーも
お見逃しなく。

오늘은 며칠이에요?

今日は何日ですか

04

学習目標

状況
日にちと曜日を話す
語彙
日、曜日
文法
N은/는 며칠이에요?
N이/가 언제예요?
N은/는 무슨 N예요/
이에요?

이준기	비비엔 씨, 오늘은 며칠이에요?
비비엔	오늘은 9월 28일이에요.
이준기	오늘은 무슨 요일이에요?
비비엔	오늘은 목요일이에요.
이준기	그럼, 비비엔 씨 생일이 언제예요?
비비엔	제 생일은 10월 9일이에요.

曜日を話すとき「日曜日、月曜日、火曜日…」と日曜日から始まる国が多いですが、韓国では「月曜日、火曜日、水曜日…」のように月曜日から始まります。一般的に仕事が始まる月曜日を「週の始まり」と考えるからのようです。しかしカレンダーは他の国と同じように「日曜日、月曜日…土曜日」と書かれています。

오늘은[오느른/onɯrɯn]　　며칠이에요[며치리에요/mjʌtsʰiriejo]

이십팔 일이에요[이ː십파리리에요/iːɕippʰaririejo]　　목요일이에요[모교이리에요/mogjoiriejo]

무슨 요일[무슨뇨일/musɯnɲoil]

어휘와 표현 語彙と表現

01 해 年

년 年		작년 昨年	
올해 今年		내년 来年	
몇 년 何年			

02 달 月

일월 1月		이월 2月	
삼월 3月		사월 4月	
오월 5月		유월 6月	
칠월 7月		팔월 8月	
구월 9月		시월 10月	
십일월 11月		십이월 12月	
몇 월 何月		지난달 先月	
이번 달 今月		다음 달 来月	

03 날 日

그저께 一昨日		어제 昨日	
오늘 今日		내일 明日	
모레 明後日		매일 毎日	
며칠 何日			

<table>
<tr><td>04</td><td>주</td><td>曜日、週</td></tr>
</table>

월요일 月曜日	화요일 火曜日
수요일 水曜日	목요일 木曜日
금요일 金曜日	토요일 土曜日
일요일 日曜日	무슨 요일 何曜日
지난주 先週	이번 주 今週
다음 주 来週	주말 週末

<table>
<tr><td>05</td><td>기타 1</td><td>その他 1</td></tr>
</table>

책 本

카푸치노 カプチーノ

시험 試験

수료식 修了式

방학 学校の休暇

견학 見学

어! あっ!

인터뷰 インタビュー

오리엔테이션 オリエンテーション

06 기타 2 その他 2

언제　いつ

달력　カレンダー、暦

한글날　ハングルの日

한국어 책　韓国語の本

영어 책　英語の本

생일　誕生日

생일 축하합니다　誕生日おめでとうございます

연음 법칙(連音法則)

발음규칙 発音規則

パッチムの後に母音で始まることばがくると、そのパッチムは次の音節の初声として発音されます。

$$오늘은 \Rightarrow [오느른]$$

며칠이에요[며치리에요/mjʌtsʰiriejo]　　이십팔 일이에요[이ː십파리리에요/iːɕippʰaririejo]

일월[이뤌/irwʌl]　　목요일[모교일/mogjoil]

문법 文法

01 N은/는 며칠이에요?
N은/는 ~월 ~일이에요

Nは何日ですか
Nは～月～日です

오늘은 며칠이에요?
오늘은 5월 8일이에요.

내일은 며칠이에요?
내일은 10월 20일이에요.

토요일은 며칠이에요?
토요일은 12월 25일이에요.

02 N이/가 언제예요?
N은/는 ~월 ~일이에요

Nはいつですか
Nは～月～日です

생일이 언제예요?
제 생일은 1월 5일이에요.

시험이 언제예요?
시험은 6월 10일이에요.

한글날이 언제예요?
한글날은 10월 9일이에요.

03 N은/는 무슨 N예요/이에요?
N은/는 N예요/이에요

N は何の N ですか
N は N です

오늘은 무슨 요일이에요?
오늘은 수요일이에요.

이것은 무슨 커피예요?
그것은 카푸치노예요.

저것은 무슨 책이에요?
저것은 한국어 책이에요.

|活用練習| 下の空欄に正しく書き入れましょう。

N	N월 N일이에요
5. 8	오월 팔일이에요
6. 6	
7. 7	
8. 15	
9. 30	
10. 5	

회화 연습 会話練習

01 오늘은 며칠이에요? 今日は何ですか。

例文を参考にして練習してみましょう。

오늘

이준기 : 비비엔 씨, 오늘은 며칠이에요?
비비엔 : 오늘은 9월 28일이에요.

오늘

가 : 오늘은 며칠이에요?
나 : 오늘은 ______________이에요.

오늘

가 : ______________?
나 : ______________.

내일

가 : ______________?
나 : ______________.

모레

가 : ______________?
나 : ______________.

例文を参考にして練習してみましょう。

이준기 : 비비엔 씨, 생일이 언제예요?
비비엔 : 제 생일은 6월 10일이에요.

가 : 시험이 언제예요?
나 : 시험은 ＿＿＿＿＿＿＿＿이에요.

가 : ＿＿＿＿＿＿＿＿＿＿＿＿＿?
나 : ＿＿＿＿＿＿＿＿＿＿＿＿＿.

가 : ＿＿＿＿＿＿＿＿＿＿＿＿＿?
나 : ＿＿＿＿＿＿＿＿＿＿＿＿＿.

가 : ＿＿＿＿＿＿＿＿＿＿＿＿＿?
나 : ＿＿＿＿＿＿＿＿＿＿＿＿＿.

03　오늘은 무슨 요일이에요?　　　　　　今日は何曜日ですか。

例文を参考にして練習してみましょう。

오늘
월요일

이준기 : 오늘은 무슨 요일이에요?
비비엔 : 오늘은 월요일이에요.

내일
화요일

가 : 내일은 무슨 요일이에요?
나 : 내일은 ＿＿＿＿＿＿＿이에요.

모레
수요일

가 : ＿＿＿＿＿＿＿＿＿＿＿＿？
나 : ＿＿＿＿＿＿＿＿＿＿＿＿.

7월 3일
일요일

가 : ＿＿＿＿＿＿＿＿＿＿＿＿？
나 : ＿＿＿＿＿＿＿＿＿＿＿＿.

오늘
토요일

가 : ＿＿＿＿＿＿＿＿＿＿＿＿？
나 : ＿＿＿＿＿＿＿＿＿＿＿＿.

듣기 연습 聞き取り練習

01 날짜 받아쓰기 1

CDで聞き取りの練習をしましょう。
2回流れますので、よく聞いて書いてください。

로이 : 오늘은 며칠이에요?

비비엔 : 오늘은 5월 5일이에요.

정답 : 오늘은 5월 5일이에요.

1. ___________은/는 ___________이에요.

2. ___________은/는 ___________이에요.

3. ___________은/는 ___________이에요.

02 날짜 받아쓰기 2

로이 : 비비엔 씨 생일이 언제예요?

비비엔 : 제 생일은 5월 8일이에요.

정답 : 제 생일은 5월 8일이에요.

1. ___________은/는 ___________이에요.

2. ___________은/는 ___________이에요.

3. ___________은/는 ___________이에요.

03　요일 받아쓰기　曜日の書き取り

로이 : 내일은 무슨 요일이에요?

비비엔 : 내일은 월요일이에요.

정답 : 내일은 월요일이에요.

1. __________은/는 __________이에요.

2. __________은/는 __________이에요.

3. __________은/는 __________이에요.

|**생일 축하합니다 노래**|誕生日おめでとうございます

생일 축하합니다.

생일 축하합니다.

사랑하는 ______ 씨

생일 축하합니다.

韓国では誕生日に必ず食べなければいけないものがあります。それは「미역국(ワカメスープ)」です。普通は誕生日の人に向かって「생일 축하해요(誕生日おめでとうございます)」と言いますが、「미역국 먹었어요?(ワカメスープ食べましたか。)」と言うことも多いです。

이준기와 이야기하기 イ・ジュンギと話そう

|날짜·요일·생일 묻기| 日にち・曜日・誕生日を尋ねる

CDを聞きながら、イ・ジュンギと話してみましょう。

이준기 　비비엔 씨, 오늘은 며칠이에요?

비비엔 　오늘은 6월 20일이에요.

이준기 　오늘은 월요일이에요?

비비엔 　네, 오늘은 월요일이에요.

이준기 　그럼, 비비엔 씨 생일은 언제예요?

비비엔 　제 생일은 10월 9일이에요.

이준기 　어? 10월 9일은 한글날이에요.

비비엔 　아, 그렇군요!

▼
韓国では10月9日はハングルの日です。この日はハングルを創造された世宗大王のハングル頒布を記念し、ハングルの研究と普及を奨励するため韓国民の祝日に定められています。

가 ＿＿＿＿＿＿ 씨, ＿＿＿＿＿＿＿＿＿＿＿?

나 오늘은 ＿＿＿＿＿＿＿＿＿＿＿＿＿＿.

가 오늘은 ＿＿＿＿＿＿＿＿＿＿＿＿＿?

나 네, ＿＿＿＿＿＿＿＿＿＿＿＿＿＿＿.

　 (아니요, ＿＿＿＿＿＿＿＿＿＿＿＿.)

가 그럼, ＿＿＿＿＿＿＿＿＿＿＿＿＿＿?

나 제 생일은 ＿＿＿＿＿＿＿＿＿＿＿＿.

가 어? ＿＿＿＿＿＿＿＿＿＿＿＿＿＿＿.

나 아, 그렇군요!

달력·요일 읽기 曜日とカレンダーを読む

韓国では日にちを話すとき、数字に「일」をつけます。「数字＋日」の形で「1일」を「일일」、「10일」を「십일」と読みます。下の表を見ながら、読む練習をしましょう。

|달력 읽기| カレンダーを読む

|숫자+일| 数字＋日

1일 일일 1日	2일 이일 2日	3일 삼일 3日
4일 사일 4日	5일 오일 5日	6일 육일 6日
7일 칠일 7日	8일 팔일 8日	9일 구일 9日
10일 십일 10日	11일 십일일 11日	12일 십이일 12日
13일 십삼일 13日	20일 이십일 20日	21일 이십일일 21日
30일 삼십일 30日	31일 삼십일일 31日	

|요일 |曜日

日曜日	月曜日	火曜日	水曜日	木曜日	金曜日	土曜日
일요일	월요일	화요일	수요일	목요일	금요일	토요일

|때를 나타내는 말|時を表すことば

	작년 去年	올해 今年	내년 今年	
	지난달 先月	이번 달 今月	다음 달 来月	
	지난주 先週	이번 주 今週	다음 주 来週	
그저께 一昨日	어제 昨日	오늘 今日	내일 明日	모레 明後日

言論と歴史のストリート、光化門

韓国の主要な新聞社と官公庁が密集している光化門周辺は、
韓国の政治、行政の中心地だ。
そのため光化門広場では人々の声を集める集会もたくさん開かれる。
それだけでなく、
歴史博物館をはじめ清渓川から景福宮に至るストリートは、
歴史の香りのする歴史ネットワーク空間として生まれ変わっている。
そして、そこから遠くに見える仁王山と北岳山の美しさも
同時に堪能できる。

지금 몇 시예요?

今、何時ですか

05

学習目標

状況
時間を尋ねて答える
語彙
時間、公共機関
場所
文法
시간읽기
N부터 N까지

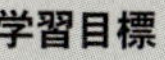

CD로 들어 보세요

벤 슨	실례지만, 지금 몇 시예요?
최지영	지금 3시 반이에요.
벤 슨	한국어 수업은 몇 시부터 몇 시까지예요?
최지영	한국어 수업은 9시부터 1시까지예요.
벤 슨	고맙습니다.

誰かに時間を聞いたり話しかけたりするときは、「実例지만（失礼ですが）」「고맙습니다, 감사합니다（ありがとうございます）」という挨拶を忘れないようにしましょう。

몇 시예요[면씨예요/mjʌtɕ'ijejo]　　아홉 시[아홉씨/aɦopɕ'i]
고맙습니다[고:맙씀니다/koːmaps'umɲida]　　반이에요[바:니에요/paːniejo]
한국어 수업은[한:구거수어븐/haːngugʌsuʌbɯn]

어휘와 표현 語彙と表現

01 때 　　　　　時

시 時		시간 時間	
분 分		초 秒	
아침 朝		점심 昼	
저녁 夕方		낮 昼	
밤 夜		지금 今	
정오 正午		반 半	
오전 午前/a.m.		오후 午後/p.m.	
전 前		~쯤(에) ～ぐらい(に)	

02 공공 기관 　　　　　公共機関

도서관　図書館

은행　銀行

우체국　郵便局

출입국관리소　出入国管理局

학교　学校

병원　病院

03 장소 　　　　　場所

세탁소　クリーニング屋、洗濯屋

학생 식당　学生食堂

편의점　コンビニ

중국집　中華料理屋

동대문시장　東大門市場

04　기타　　　　　　　　　　　　　　その他

시계　時計

한국어 수업　韓国語の授業

실례지만　失礼ですが

고맙습니다　ありがとうございます

경음화(濃音化)

발음규칙 発音規則

初声の/ㄱ, ㄷ, ㅂ, ㅅ, ㅈ/は、パッチムㄷ(ㅌ, ㅅ, ㅆ, ㅈ, ㅊ)の後にくると、濃音/ㄲ, ㄸ, ㅃ, ㅆ, ㅉ/に変わります。

$$멷\,시 \Rightarrow [멷씨]$$

$$ㄷ(ㅌ, ㅅ, ㅆ, ㅈ, ㅊ) + \begin{matrix}ㄱ\\ㄷ\\ㅂ\\ㅅ\\ㅈ\end{matrix} \Rightarrow \begin{matrix}ㄲ\\ㄸ\\ㅃ\\ㅆ\\ㅉ\end{matrix}$$

햇빛[핻삗/hɛtp'it]　　　같고[갇꼬/katk'o]

있다[읻따/i(t)t'a]　　　맞지만[맏찌만/ma(t)ts'iman]

문법 文法

01 시간 읽기　　時間の読み方

|시|時

1	2	3	4	5
한 시	두 시	세 시	네 시	다섯 시
6	7	8	9	10
여섯 시	일곱 시	여덟 시	아홉 시	열 시
11	12	?		
열한 시	열두 시	몇 시		

|분|分

1	2	3	4
일 분	이 분	삼 분	사 분
5	6	7	8
오 분	육 분	칠 분	팔 분
9	10	11	12
구 분	십 분	십일 분	십이 분
15	20	25	30
십오 분	이십 분	이십오 분	삼십 분/반
35	40	45	50
삼십오 분	사십 분	사십오 분	오십 분
55	60	?	
오십오 분	육십 분	몇 분	

時間
1시간(한 시간)
2시간(두 시간)
10시간(열 시간)
2시간 30분(두 시간 삼십 분,
　　　　 두 시간 반)
24시간(이십사 시간)
? 몇 시간

09 : 00
아홉 시

04 : 30
네 시 삼십 분,
네 시 반

07 : 55
일곱 시 오십오 분,
여덟 시 오 분 전

10 : 00
오전 열 시

22 : 00
밤 열 시

02 N부터 N까지

NからNまで

「~부터 ~까지」は時間にだけ使い、場所には使いません。場所には「~에서 ~까지」を使います。

| 1시~2시 | 1시**부터** 2시**까지**예요. |

| 아침~저녁 | 아침**부터** 저녁**까지**예요. |

| 오늘~내일 | 오늘**부터** 내일**까지**예요. |

서울~부산
서울부터 부산까지 ×
서울에서 부산까지 ○
집~학교
집부터 학교까지 ×
집에서 학교까지 ○

회화 연습 会話練習

01 지금 몇 시예요? 今、何時ですか。

例文を参考にして練習してみましょう。

벤슨 : 실례지만, 지금 몇 시예요?
최지영 : 지금 열한 시예요.
벤슨 : 고맙습니다.

가 : 실례지만, 지금 몇 시예요?
나 : 지금 ________________________예요.
가 : 고맙습니다.

가 : ________________________?
나 : ________________________.
가 : ________________________.

가 : ________________________?
나 : ________________________.
가 : ________________________.

가 : ________________________?
나 : ________________________.
가 : ________________________.

02 수업은 9시부터 1시까지예요.　　　　授業は9時から1時までです。

例文を参考にして練習してみましょう。

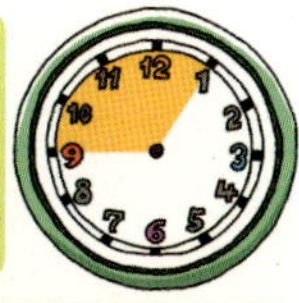

한국어 수업

벤슨 : 실례지만, 수업은 몇 시부터
　　　　몇 시까지예요?
최지영 : 수업은 9시부터 1시까지예요.
벤슨 : 고맙습니다.

우체국

가 : 실례지만, ＿＿＿＿은/는 몇 시부터
　　　몇 시까지예요?
나 : ＿＿＿＿은/는 ＿＿＿＿＿＿예요.
가 : 고맙습니다.

은행

가 : ＿＿＿＿＿＿＿＿＿＿＿＿＿＿?
나 : ＿＿＿＿＿＿＿＿＿＿＿＿＿＿.
가 : ＿＿＿＿＿＿＿＿＿＿＿＿＿＿.

출입국관리소

가 : ＿＿＿＿＿＿＿＿＿＿＿＿＿＿?
나 : ＿＿＿＿＿＿＿＿＿＿＿＿＿＿.
가 : ＿＿＿＿＿＿＿＿＿＿＿＿＿＿.

병원

가 : ＿＿＿＿＿＿＿＿＿＿＿＿＿＿?
나 : ＿＿＿＿＿＿＿＿＿＿＿＿＿＿.
가 : ＿＿＿＿＿＿＿＿＿＿＿＿＿＿.

듣기 연습 聞き取り練習

01 시간 묻고 답하기 　　　　　　　　　　時間を尋ねて答える

CDで聞き取りの練習をしましょう。
2回流れますので、よく聞いて書いてください。

벤슨 : 실례지만, 지금 몇 시예요?
최지영 : 지금 열한 시예요.
벤슨 : 감사합니다.
정답 : 지금 11:00예요.

本文のようにまず時間を書いて「예요/이에요」を選択してください。

1. 지금 ___________예요/이에요.

2. 지금 ___________예요/이에요.

3. 지금 ___________예요/이에요.

4. 지금 ___________예요/이에요.

02 영업 시간 묻고 답하기 　　　　　　　　営業時間を尋ねて答える

벤슨 : 실례지만, 한국어 수업은 몇 시부터 몇 시까지예요?
최지영 : 한국어 수업은 9시부터 1시까지예요.
벤슨 : 고맙습니다.
정답 : 한국어 수업은/는 9시부터 1시까지예요.

1. _______은/는 _________부터 _________까지예요.

2. _______은/는 _________부터 _________까지예요.

3. _______은/는 _________부터 _________까지예요.

4. _______은/는 _________이에요.

이준기와 이야기하기 イ・ジュンギと話そう

|시간 · 영업 시간 묻고 답하기| 時間·営業時間を尋ねて答える
CDを聞きながら、イ・ジュンギと話してみましょう。

리 리	실례지만, 지금 몇 시예요?
이준기	지금 2시 45분이에요.
리 리	은행은 몇 시부터 몇 시까지예요?
이준기	은행은 9시부터 4시까지예요.
리 리	동대문시장은 몇 시부터 몇 시까지예요?
이준기	동대문시장은 오후 5시부터 오전 5시까지예요.
리 리	감사합니다.

가　실례지만, 지금 몇 시예요?

나　지금 ＿＿＿＿＿＿＿＿＿＿이에요.

가　＿＿＿＿＿＿은/는 ＿＿＿＿＿＿＿＿＿예요'?

나　＿＿＿＿＿＿은/는 ＿＿＿＿＿＿＿＿예요.

가　＿＿＿＿＿＿＿＿은/는 ＿＿＿＿＿＿＿＿예요?

나　＿＿＿＿＿＿＿＿은/는 ＿＿＿＿＿＿＿＿예요.

가　감사합니다.

은행 銀行	09:00~16:00
우체국 郵便局	09:00~18:00
백화점 デパート	10:30~19:30
한국어 수업 韓国語の授業	09:00~13:00
도서관 図書館	05:00~24:00
중국집 中華料理屋	11:00~21:00
동대문시장 東大門市場	17:00~05:00
출입국관리소 出入国管理所	09:00~17:00

우리 함께
열심히
공부해 봐요!

우리 집은 신촌에 있어요

わたしの家はシンチョンにあります

06

学習目標

状況
位置を伝える
語彙
位置、場所
文法
여기/거기/저기/어디
N이/가 어디에 있어요?
N은/는 N에 있어요

최지영	로이 씨 집이 어디예요?
로 이	우리 집은 신촌에 있어요.
최지영	로이 씨 집은 몇 층에 있어요?
로 이	우리 집은 4층이에요.
최지영	집에 주차장이 있어요?
로 이	네, 주차장이 있어요.
최지영	엘리베이터가 있어요?
로 이	아니요, 엘리베이터는 없어요.

韓国では「나(わたし、ぼく)」という表現より「우리(わたしたち、我々)」ということばをよく使います。「내 집(わたしの家)」というより「우리 집(わたしたちの家)」の方がよく使われ、「우리 가족(わたしたちの家族)」「우리 동네(わたしたちの住んでいるところ)」「우리 나라(わが国)」などの例を挙げることができます。これは昔から受け継がれてきた韓国人の共同体意識、共同体文化を表す言語習慣によるものです。

집이[지비/tsibi]　　　집은[지븐/tsibɯn]　　　신촌에[신초네/ɕints^hone]
있어요[이써요/i(t)s·ʌjo]　　　없어요[업:써요/ə:ps·ʌjo]

어휘와 표현 語彙と表現

01 위치 位置

왼쪽

오른쪽

위

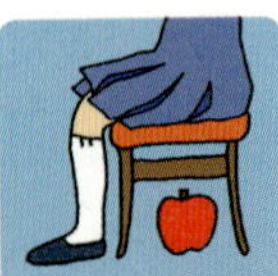
아래/밑

앞

뒤

안/속

밖

옆

사이

근처

건너편/맞은편

韓国人は数字の「4」を嫌います。「4」が「死(죽다(死ぬ)」の発音と同じだからでしょう。エレベーターなどでは、「4階」の代わりに「F」と書かれていることもあります。また、「4階」のないところもあります。さて、どこでしょうか。それは病院です。皆さんの国ではどんな数字が好まれ、どんな数字が嫌われていますか。

02 ～층 ～階

지하 1층	地下1階	1층	1階
2층	2階	3층	3階
4층	4階	5층	5階
6층	6階	7층	7階
8층	8階	9층	9階
10층	10階	몇 층	何階

03 동네에서
うちの近くで

꽃 가게	花屋	미용실	美容室
공원	公園	커피숍	コーヒーショップ
주유소	ガソリンスタンド		
수퍼마켓/수퍼	スーパーマーケット/スーパー		

04 집/아파트에서
家/アパートで

집	家	아파트	アパート、マンション
방	部屋	화장실	化粧室
거실	居間	부엌	台所、キッチン
현관	玄関	주차장	駐車場
엘리베이터	エレベーター	에스컬레이터	エスカレーター
계단	階段	창문	窓

05 기타
その他

실례합니다	失礼します	우리	わたしたち、我々
텔레비전	テレビ	컴퓨터	コンピューター、パソコン
책상	机	의자	椅子
신촌	新村(地名)	한남동	漢南洞(地名)
휴지통	ごみ箱		
아무것/아무것도	どんな物/何も、何でも		

문법 文法

01 여기/거기/저기/어디   ここ/そこ/あそこ/どこ

화장실은 **여기**에 있어요.

편의점은 **거기**에 있어요.

병원은 **저기**에 있어요.

계단은 **어디**에 있어요?

場所を表すことば「여기(こ
こ)」「거기(そこ)」などはそ
の場所の境界線を引くこ
とができないので、「여기」や
「거기」はいっしょに使われ
ることもあります。電話で
相手の位置を尋ねるときや
相手との距離があるときは、
「거기」が使われます。

02 N이/가 어디에 있어요?   Nはどこにありますか

名詞の最終音節にパッチムがあるときは「N이 어디에 있어요?」を使い、パッチ
ムがないときは「N가 어디에 있어요?」を使います。

슈퍼마켓이 어디에 있어요?

꽃 가게가 어디에 있어요?

컴퓨터가 어디에 있어요?

03 N은/는 N에 있어요
N은/는 N에 없어요

NはNにあります
NはNに(は)ありません

슈퍼마켓은 공원 건너편에 있어요.

슈퍼마켓은 공원 건너편에 없어요.

꽃 가게는 오른쪽에 있어요.

꽃 가게는 오른쪽에 없어요.

컴퓨터는 책상 위에 있어요.

컴퓨터는 책상 위에 없어요.

|活用練習| 下の空欄に正しく書き入れましょう。

회화 연습 会話練習

例文を参考にして練習してみましょう。

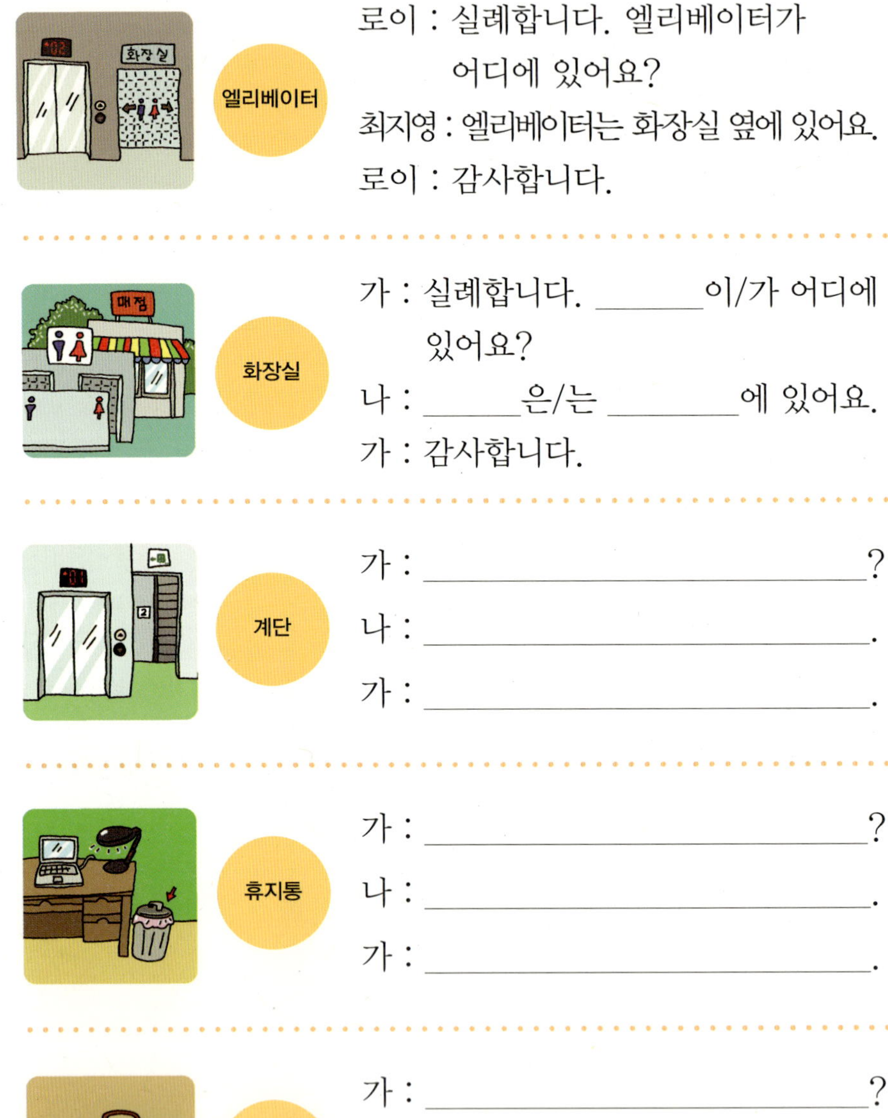

로이 : 실례합니다. 엘리베이터가
　　　어디에 있어요?
최지영 : 엘리베이터는 화장실 옆에 있어요.
로이 : 감사합니다.

가 : 실례합니다. ______이/가 어디에
　　있어요?
나 : ______은/는 ________에 있어요.
가 : 감사합니다.

가 : ____________________?
나 : ____________________.
가 : ____________________.

가 : ____________________?
나 : ____________________.
가 : ____________________.

가 : ____________________?
나 : ____________________.
가 : ____________________.

02 **커피숍은 공원 옆에 있어요.**　　　コーヒーショップは公園の横にあります。

例文を参考にして練習してみましょう。

로이 : 실례합니다.
　　　 커피숍이 어디에 있어요?
최지영 : 커피숍은 공원 옆에 있어요.
로이 : 감사합니다.

가 : 실례합니다. ＿＿＿＿이/가 어디에
　　　 있어요?
나 : ＿＿＿＿은/는 ＿＿＿＿에 있어요.
가 : 감사합니다.

가 : ＿＿＿＿＿＿＿＿＿＿＿＿＿＿＿?
나 : ＿＿＿＿＿＿＿＿＿＿＿＿＿＿＿.　　은행
가 : ＿＿＿＿＿＿＿＿＿＿＿＿＿＿＿.

가 : ＿＿＿＿＿＿＿＿＿＿＿＿＿＿＿?
나 : ＿＿＿＿＿＿＿＿＿＿＿＿＿＿＿.　　꽃 가게
가 : ＿＿＿＿＿＿＿＿＿＿＿＿＿＿＿.

가 : ＿＿＿＿＿＿＿＿＿＿＿＿＿＿＿?
나 : ＿＿＿＿＿＿＿＿＿＿＿＿＿＿＿.　　주유소
가 : ＿＿＿＿＿＿＿＿＿＿＿＿＿＿＿.

03 엘리베이터는 계단 옆에 있어요. エレベーターは階段の横にあります。

例文を参考にして練習してみましょう。

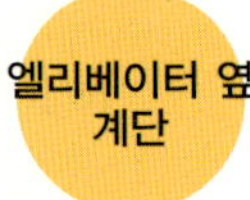

엘리베이터 옆 계단

로이 : 엘리베이터 옆에 계단이 있어요?
최지영 : 네, 엘리베이터 옆에
　　　　　계단이 있어요.

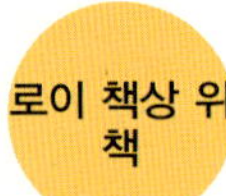

로이 책상 위 책

가 : 로이 씨 책상 위에 책이 있어요?
나 : 아니요, 로이 씨 책상 위에
　　　책이 없어요.

비비엔 뒤 퍼디

가 : ______________________?
나 : ______________________.

책상 위 컴퓨터

가 : ______________________?
나 : ______________________.

가방 안 옷

가 : ______________________?
나 : ______________________.

04 커피숍이 몇 층에 있어요?　　コーヒーショップは何階にありますか。

例文を参考にして練習してみましょう。

로이 : 실례합니다. 커피숍이
　　　　몇 층에 있어요?
최지영 : 커피숍은 5층에 있어요.
로이 : 감사합니다.

가 : 실례합니다. ＿＿＿＿이/가 몇 층에
　　　있어요?
나 : ＿＿＿＿ 은/는 ＿＿＿＿에 있어요.
가 : 감사합니다.

가 : ＿＿＿＿＿＿＿＿＿＿＿＿＿?
나 : ＿＿＿＿＿＿＿＿＿＿＿＿＿.
가 : ＿＿＿＿＿＿＿＿＿＿＿＿＿.

가 : ＿＿＿＿＿＿＿＿＿＿＿＿＿?
나 : ＿＿＿＿＿＿＿＿＿＿＿＿＿.
가 : ＿＿＿＿＿＿＿＿＿＿＿＿＿.

가 : ＿＿＿＿＿＿＿＿＿＿＿＿＿?
나 : ＿＿＿＿＿＿＿＿＿＿＿＿＿.
가 : ＿＿＿＿＿＿＿＿＿＿＿＿＿.

듣기 연습 聞き取り練習

01 장소 찾기

CDで聞き取りの練習をしましょう。
2回流れますので、よく聞いて書いてください。

로이 : 실례합니다. 영화관이 어디에 있어요?
최지영 : 영화관은 공원 앞에 있어요.
로이 : 고맙습니다.

정답 : 영화관, 공원

1. 은행 銀行

가 : 실례합니다. ____________이 어디에 있어요?
나 : 은행은 __________하고 ____________ 사이에 있어요.
가 : 고맙습니다.

2. 과일 가게 果物屋

가 : 실례합니다. ___________가 어디에 있어요?

나 : 과일 가게는 ___________ 앞에 있어요.

가 : 고맙습니다.

3. 식당 食堂

가 : 실례합니다. ___________이 어디에 있어요?

나 : 식당은 ___________ 옆에 있어요.

가 : 고맙습니다.

4. 수퍼마켓 スーパーマーケット(スーパー)

가 : 실례합니다. ___________이 어디에 있어요?

나 : 수퍼마켓은 ________하고 _________ 사이에 있어요.

가 : 고맙습니다.

5. 병원 病院

가 : 실례합니다. ___________이 어디에 있어요?

나 : 병원은 ___________ 옆에 있어요.

가 : 고맙습니다.

6. 주유소 ガソリンスタンド

가 : 실례합니다. ___________가 어디에 있어요?

나 : 주유소는 ___________ 옆에 있어요.

가 : 고맙습니다.

이준기와 이야기하기 イ・ジュンギと話そう

|**세계의 유명한 곳 물어보기**| 世界の有名なところを尋ねる

CDを聞きながら、イ・ジュンギと話してみましょう。

이 준 기　스테파니 씨,
　　　　　오페라 하우스가 어디에 있어요?

스테파니　오페라 하우스는 시드니에 있어요.

이 준 기　피라미드가 어디에 있어요?

스테파니　피라미드는 이집트에 있어요.

이 준 기　에펠 탑이 독일에 있어요?

스테파니　아니요, 에펠 탑은 프랑스에 있어요.

이 준 기　감사합니다.

한국 韓国	숭례문 崇禮門	일본 日本	후지 산 富士山
중국 中国	만리장성 万里の長城	캄보디아 カンボジア	앙코르 와트 アンコールワット
베트남 ベトナム	하롱베이 ハロン湾	호주 オーストラリア	오페라 하우스 オペラハウス
이집트 エジプト	피라미드 ピラミッド	러시아 ロシア	크렘린 궁 クレムリン宮殿
몽골 モンゴル	게르 ゲル	이탈리아 イタリア	피사의 사탑 ピサの斜塔
프랑스 フランス	에펠 탑 エッフェル塔	알래스카 アラスカ	이글루 イグルー
미국 アメリカ	자유의 여신상 自由の女神像	캐나다 カナダ	나이아가라 폭포 ナイアガラの滝
브라질 ブラジル	아마존 강 アマゾン川	아프리카 アフリカ	사하라 사막 サハラ砂漠

가 ＿＿＿＿＿＿＿ 씨, ＿＿＿＿＿＿＿＿＿＿이/가 어디에 있어요?

나 ＿＿＿＿＿＿은/는 ＿＿＿＿＿＿＿＿＿에 있어요.

가 ＿＿＿＿＿＿＿이/가 어디에 있어요?

나 ＿＿＿＿＿＿은/는 ＿＿＿＿＿＿＿＿＿에 있어요.

가 ＿＿＿＿＿＿＿이/가 ＿＿＿＿＿＿＿＿＿에 있어요?

나 아니요, ＿＿＿＿＿＿＿은/는 ＿＿＿＿＿＿＿＿＿에 있어요.

가 감사합니다.

韓国のアイビーリーグ、新村

新村は、延世大学、梨花女子大学、西河大学など
韓国を代表する大学校が集中しており、
韓国のアイビーリーグと言えるだろう。
大学の街らしくストリートはいつも活気に溢れ、
大学生たちは自分の学校を象徴するTシャツを着て、
新村の街を思い思いに歩く。
韓国の若い知性たちのライフスタイルを垣間見たかったら
新村に行ってみよう。
ストリートに並ぶカフェに入って、激しく討論したり、
レポート作成に忙しい大学生に会ってみるのもいいだろう。

07

저는 오늘 영화를 봅니다

わたしは今日映画を見ます

学習目標

状況
日程を尋ねて答える
語彙
動詞1、2、3—基本の動詞
文法
N을/를 V—ㅂ/습니까?
N을/를 V—ㅂ/습니다
N을/를 V—지 않습니다
N에
N도

CD로 들어 보세요

다이애나	이준기 씨, 오늘 무엇을 합니까?
이 준 기	저는 오늘 영화를 봅니다.
	다이애나 씨는 오늘 무엇을 합니까?
다이애나	저는 오늘 한국어를 공부합니다.
이 준 기	내일도 한국어를 공부합니까?
다이애나	아니요, 주말에는 한국어를 공부하지
	않습니다. 친구를 만납니다.

韓国では最近「CGV」や「メガボックス(Megabox)」のように映画館、ショッピングモール、ファッションモール、フードコートなどが集まった「원스톱(ワンストップ)」形式の建物の人気が高いようです。若い世代の新しい文化空間として定着したマルチプレックス(複合上映館)というこの空間は、映画鑑賞、ショッピング、食事を1ヵ所でできるためとても便利です。

무엇을[무어슬/muʌsɯl]　　합니까[함니까/hamɲik'a]　　봅니다[봄니다/bomɲida]
한국어를[한ː구거를/haːnguɡʌrɯl]　　주말에[주마레/tsumare]
만납니다[만남니다/mannamɲida]

어휘와 표현 語彙と表現

---

01 동사 1 어간에 받침이 있는 동사 　　　　　　動詞 1 語幹にパッチムのある動詞

먹다　食べる

읽다　読む

듣다　聞く

---

02 동사 2 어간에 받침이 없는 동사 　　　　　　動詞 2 語幹にパッチムのない動詞

보다　見る

(그림을) 그리다　(絵を) 描く

마시다　飲む

요리하다　料理する

숙제하다　宿題をする

배우다　習う

청소하다　掃除する

가르치다　教える

노래하다　歌う

잠을 자다　寝る、眠る

운동하다　運動する

03 동사 3 어간에 'ㄹ'받침이 있는 동사   動詞3 語幹に「ㄹ」パッチムのある動詞

만들다　作る

살다　住む、生きる、暮らす

04 기타   その他

일정　日程

밥　ご飯

영화 촬영　映画撮影

비음화(鼻音化)

발음규칙発音規則

パッチム/ㅂ, ㄷ, ㄱ/は、鼻音/ㄴ, ㅁ, ㅇ/の前で/ㄴ, ㅁ, ㅇ/に変わります。

합니까 ⇒ [함니까]

봅니다[봄니다/bomɲida]　　만납니다[만남니다/mannamɲida]

않습니다[안씀니다/ansʼumɲida]　　배웁니다[배움니다/pɛumɲida]

문법 文法

01 N을/를 V-ㅂ/습니까?

NをVしますか

動詞の目的語になる名詞には助詞「을/를」がつきます。名詞の最終音節にパッチムがあるときは「을」、パッチムがないときは「를」をつけます。

리리 씨는 한국어를 공부합니까?

비비엔 씨는 일요일에 친구를 만납니까?

로이 씨는 커피를 마십니까?

02 N을/를 V-ㅂ/습니다
N을/를 V-지 않습니다

NをVします
NをVしません

動詞の否定形は、動詞の最終音節のパッチムの有無にかかわらず、「-다」をとり「V-지 않습니다」となります。

네, 한국어를 공부합니다.
아니요, 한국어를 공부하지 않습니다.

네, 일요일에 친구를 만납니다.
아니요, 일요일에 친구를 만나지 않습니다.

説明 |「V–ㅂ/습니다」形の作り方|

「V–ㅂ/습니다」を作るときは動詞の基本形から「–다」をとります。語幹の最終音節にパッチムがないときは「語幹＋ㅂ니다」、あるときは「語幹＋습니다」をつけます。また、パッチムが「ㄹ」のときは「ㄹ」がとれ、「–ㅂ니다」がつきます。

パッチムがないとき：가다 + ㅂ니다 ⇒ 갑니다
パッチムがあるとき：먹다 + 습니다 ⇒ 먹습니다
ㄹのパッチムのとき：살다 + ㅂ니다 ⇒ 삽니다

03 N에(시간의 '에')   Nに(時間)

「～에」は時間を表すときに使いますが、今日(어제 昨日、그저께 一昨日、내일 明日、모레 明後日、언제 いつ)の場合には日本語と同じ「에」を使いません。(例：내일에×, 매일에×)

언제 ～을/를 ～ㅂ/습니까?
～에 ～을/를 ～ㅂ/습니다.

언제 밥을 먹습니까?
7시에 밥을 먹습니다.

언제 친구를 만납니까?
주말에 친구를 만납니다.

언제 한국어를 공부합니까?
내일 한국어를 공부합니다.

04 N도

N も

스테파니 씨는 한국어를 공부합니다.
로베르토 씨**도** 한국어를 공부합니다.

다이애나 씨는 라면을 먹습니다.
퍼디 씨**도** 라면을 먹습니다.

저는 목요일에 학교에 갑니다.
저는 금요일에**도** 학교에 갑니다.

|活用練習| 下の空欄に正しく書き入れましょう。

基本型	V-ㅂ/습니까?	V-ㅂ/습니다	V-지 않습니다
가르치다	가르칩니까?	가르칩니다	가르치지 않습니다
배우다	배웁니까?	배웁니다	
마시다		마십니다	마시지 않습니다
쓰다	씁니까?		
만나다		만납니다	
먹다	먹습니까?		먹지 않습니다

회화 연습 会話練習

01 지금 무엇을 합니까? 今、何をしますか。/今、何をしていますか。

例文を参考にして練習してみましょう。

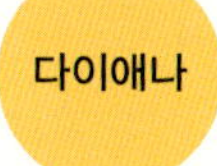

다이애나

이준기 : 다이애나 씨, 지금 무엇을
　　　　　합니까?
다이애나 : 저는 지금 한국어를
　　　　　공부합니다.

로이

가 : ＿＿＿＿＿, 지금 무엇을 합니까?
나 : 저는 ＿＿＿＿＿＿＿＿＿.

비비엔

가 : ＿＿＿＿＿＿＿＿＿＿?
나 : ＿＿＿＿＿＿＿＿＿＿.

왕사워

가 : ＿＿＿＿＿＿＿＿＿＿?
나 : ＿＿＿＿＿＿＿＿＿＿.

퍼디

가 : ＿＿＿＿＿＿＿＿＿＿?
나 : ＿＿＿＿＿＿＿＿＿＿.

02 언제 한국어를 공부합니까?　　　いつ韓国語を勉強しますか。

例文を参考にして練習してみましょう。

수요일

이준기 : 다이애나 씨, 언제 한국어를
　　　　공부합니까?
다이애나 : 저는 수요일에 한국어를
　　　　공부합니다.

주말

가 : 언제 친구를 만납니까?
나 : 저는 _________________________.

아침

가 : _____________________________?
나 : _____________________________.

잠자기 전

가 : _____________________________?
나 : _____________________________.

토요일
일요일

가 : _____________________________?
나 : _____________________________.

<table>
<tr><td>03</td><td>오늘 책을 읽습니까?</td><td>今日、本を読みますか。</td></tr>
</table>

例文を参考にして練習してみましょう。

오늘
책을 읽다 ○

이준기 : 다이애나 씨, 오늘 책을
　　　　　읽습니까?
다이애나 : 네, 책을 읽습니다.

오늘
영화를 보다 X
친구를
만나다 ○

이준기 : 다이애나 씨, 오늘 영화를
　　　　　봅니까?
다이애나 : 아니요, 영화를 보지 않습니다.
　　　　　친구를 만납니다.

이준기
피자를
먹다 ○

가 : ＿＿＿＿＿＿＿＿＿＿＿＿＿＿？
나 : ＿＿＿＿＿＿＿＿＿＿＿＿＿＿．

벤슨
책을 읽다 X
텔레비전을
보다 ○

가 : ＿＿＿＿＿＿＿＿＿＿＿＿＿＿？
나 : ＿＿＿＿＿＿＿＿＿＿＿＿＿＿．
　　　＿＿＿＿＿＿＿＿＿＿＿＿＿＿．

왕샤위
영화를 보다 X
음악을
듣다 ○

가 : ＿＿＿＿＿＿＿＿＿＿＿＿＿＿？
나 : ＿＿＿＿＿＿＿＿＿＿＿＿＿＿．
　　　＿＿＿＿＿＿＿＿＿＿＿＿＿＿．

이준기와 이야기하기 イ・ジュンギと話そう

|일정 묻고 답하기| 日程を尋ねて答える

CDを聞きながら、イ・ジュンギと話してみましょう。

이 준 기   다이애나 씨, 지금 무엇을 합니까?

다이애나   저는 지금 책을 읽습니다.

이 준 기   다이애나 씨, 내일은 무엇을 합니까?

다이애나   저는 내일 영화를 봅니다.

이 준 기   그럼, 주말에는 무엇을 합니까?

다이애나   주말에는 친구를 만납니다.

가   _______________ 씨, 지금 무엇을 합니까?

나   저는 지금 _______________________________.

가   _______________ 씨, 내일은 무엇을 합니까?

나   저는 내일 _______________________________.

가   그럼, 주말에는 무엇을 합니까?

나   _______________________________________.

|**이준기의 일주일 일정**|イ・ジュンギの1週間のスケジュール
皆さんもイ・ジュンギのように、1週間の予定を立ててみましょう。

월요일 중국어를 공부하다
화요일 중국어를 공부하다
수요일 영화 촬영을 하다
목요일 책을 읽다
금요일 중국어를 공부하다
토요일/일요일 친구를 만나다

저는 월요일하고 화요일에 중국어를 공부합니다.

금요일에도 중국어를 공부합니다.

수요일에는 중국어를 공부하지 않습니다.

영화 촬영을 합니다.

목요일에는 책을 읽습니다.

그리고 주말에는 친구를 만납니다.

アンダーグラウンド文化のメッカ、弘益

美術大学として有名な弘益大学を中心に形成された弘益前のストリートは、
韓国のアンダーグラウンド文化のメッカだ。
個性に富んだライブクラブやカフェ、
きらめくグラフィティでデザインされた路地では、
自由を渇望する若者たちが青春を謳歌している。
また、大小いくつかの公演がいつも途切れることなく開かれており、
うららかな週末にはフリーマーケットやチャリティーバザーも開かれ、
弘益前のオリジナル芸術文化に触れることができる。
毎月、最終金曜日はクラブデーで
多様なジャンルのダンスや音楽を楽しめる。

주말에 명동에 갑니다

週末、明洞に行きます

08

学習目標

状況
週末の計画を話す
語彙
動詞4-行ったり来たり
すること
動詞5-買い物
文法
N은/는 N에 가다/오다
N은/는 N에서 N을/를
V-ㅂ/습니다
V-고 V

최지영	퍼디 씨, 주말에 어디에 갑니까?
퍼 디	저는 주말에 명동에 갑니다.
최지영	명동에서 무엇을 합니까?
퍼 디	명동에서 영화를 봅니다.
	최지영 씨는 주말에 무엇을 합니까?
최지영	저는 도서관에 갑니다.
퍼 디	도서관에서 무엇을 합니까?
최지영	도서관에서 책을 읽고 인터넷을 합니다.

▼
韓国はインターネット通信網が発達したIT大国です。そのため図書館、公共機関、地下鉄の駅などいつでもどこでも簡単にインターネットが利用できます。家にパソコンがなくても「PCバン（インターネットカフェ）」に行くと、インターネットを利用することができます。

갑니까[감니까/kamɲikʼa]	도서관에[도서과네/tosʌgwane]	책을[채글/tsʰɛgɯl]
무엇을[무어슬/muʌsɯl]	인터넷을[인터네슬/intʰʌnesɯl]	읽고[일꼬/ilkʼo]

어휘와 표현 語彙と表現

01 동사 4 　　　　　動詞 4

N에 가다　Nに行く

내리다　降りる

N에 오다　Nに来る

갈아타다　乗り換える

걷다　歩く

건너다　渡る

달리다　走る

운전하다　運転する

타다　乗る

02 동사 5 　　　　　動詞 5

사다　買う

고르다　選ぶ

팔다　売る

쇼핑하다　ショッピングする

바꾸다　変える

인터넷하다　インターネットをする

03 기타

その他

나 わたし、ぼく

명동 明洞

저 わたし、わたくし

교실 教室

교회 教会

식당 食堂

광화문 光化門(景福宮の正門)

신문 新聞

전시회 展示会

연음 법칙(連音法則)

발음규칙 発音規則

1つの音節の終声、つまりパッチムの後に母音で始まる語尾、助詞、接尾辞がくる
とき、そのパッチムは次の音節の初声として発音されます。

$$주말에 \Rightarrow [주마레]$$

도서관에[도서과네/tosʌgwane]   책을[채글/tsʰɛgɯl]
인터넷을[인터네슬/intʰʌnesɯl]   신문을[신무늘/ɕinmunɯl]

문법 文法

01 N은/는 N에 가다/오다
NはNに行く/来る

動詞の「가다(行く)」と「오다(来る)」の前では、場所を表す名詞(N)の後に助詞「에」をつけます。

선생님은 학교에 갑니다.

로이 씨는 명동에 갑니다.

스테파니 씨는 내일 한국에 옵니다.

02 N은/는 N에서 N을/를 V-ㅂ/습니다
NはNにNをVします

動詞「가다(行く)」と「오다(来る)」を除く動詞の前では、場所を表す名詞(N)の後に助詞「에서」をつけます。

선생님은 한국대학교에서 한국어를 가르칩니다.

마스미 씨는 백화점에서 쇼핑을 합니다.

벤슨 씨는 도서관에서 책을 읽습니다.

03 V-고 V

VしてVする

「V-고」は2つ以上の動作を「그리고(そして、それから)」で列挙するときに使用します。動詞の語幹に「-고」がつき、その後に他の動詞が続きます。この語尾は語幹の最後のパッチムの有無にかかわらず「-고」がつきます。(例:읽다→읽고, 보다→보고)

저는 주말에 한국어를 **공부하고** 친구를 만납니다.

비비엔 씨는 주말에 영화를 **보고** 커피를 마십니다.

스테파니 씨는 텔레비전을 **보고** 영화를 봅니다.

活用練習 下の空欄に正しく書き入れましょう。

한국어를 공부하다/친구를 만나다	한국어를 공부하고 친구를 만납니다
책을 읽다/편지를 쓰다	
텔레비전을 보다/잠을 자다	
밥을 먹다/영화를 보다	
친구를 만나다/도서관에 가다	
커피를 마시다/음악을 듣다	
백화점에 가다/쇼핑하다	

회화 연습 会話練習

01 어디에 갑니까? どこに行きますか。

例文を参考にして練習してみましょう。

**퍼디
광화문**

최지영 : 퍼디 씨, 어디에 갑니까?
퍼디 : 저는 광화문에 갑니다.

**최지영
명동**

가 : ___________ 씨, 어디에 갑니까?
나 : 저는 _____________에 갑니다.

**리리
교회**

가 : ___________________________?
나 : ___________________________.

**마스미
백화점**

가 : ___________________________?
나 : ___________________________.

**왕샤위
식당**

가 : ___________________________?
나 : ___________________________.

02 어디에서 커피를 마십니까?　　　どこでコーヒーを飲みますか。

例文を参考にして練習して みましょう。

커피를
마시다
커피숍

최지영 : 로베르토 씨, 어디에서
　　　　커피를 마십니까?
로베르토 : 저는 커피숍에서 커피를
　　　　　마십니다.

한국어를
가르치다
학교

가 : 어디에서 한국어를 가르칩니까?
나 : 저는 ＿＿＿＿＿에서 ＿＿＿＿＿＿.

친구를
만나다
명동

가 : ＿＿＿＿＿＿＿＿＿＿＿＿＿＿?
나 : ＿＿＿＿＿＿＿＿＿＿＿＿＿＿.

비빔밥을
먹다
식당

가 : ＿＿＿＿＿＿＿＿＿＿＿＿＿＿?
나 : ＿＿＿＿＿＿＿＿＿＿＿＿＿＿.

책을 읽다
도서관

가 : ＿＿＿＿＿＿＿＿＿＿＿＿＿＿?
나 : ＿＿＿＿＿＿＿＿＿＿＿＿＿＿.

03 요리하고 청소합니다.

料理と掃除をします。

例文を参考にして練習してみましょう。

최지영 : 퍼디 씨, 주말에 무엇을 합니까?

퍼디 : 저는 주말에 요리하고 청소합니다.

가 : 오늘 오후에 무엇을 합니까?

나 : 저는 ________에 __________고

__________________.

가 : __________________?

나 : __________________

__________________.

가 : __________________?

나 : __________________

__________________.

가 : __________________?

나 : __________________

__________________.

듣기 연습 聞き取り練習

01 주말 활동 묻기

週末の活動を尋ねる

CDで聞き取りの練習をしましょう。
2回流れますので、よく聞いて書いてください。

왕샤위 : 스테파니 씨, 주말에 무엇을 합니까?

스테파니 : 저는 주말에 공원에서 운동하고 친구 집에 갑니다.

정답 : (②, ⑨) 공원에서 운동하고 친구 집에 갑니다.

1. (　　,　　) ________고 ____________.

2. (　　,　　) ________고 ____________.

3. (　　,　　) ________고 ____________.

4. (　　,　　) ________고 ____________.

이준기와 이야기하기 イ・ジュンギと話そう

|주말 계획 묻고 답하기| 週末計画を尋ねて答える

CDを聞きながら、イ・ジュンギと話してみましょう。

이준기	최지영 씨, 주말에 어디에 갑니까?
최지영	저는 주말에 광화문에 갑니다.
이준기	광화문에서 무엇을 합니까?
최지영	광화문에서 전시회를 보고 커피를 마십니다. 이준기 씨는 주말에 어디에 갑니까?
이준기	저는 주말에 신촌에 갑니다.
최지영	신촌에서 무엇을 합니까?
이준기	신촌에서 가방을 사고 밥을 먹습니다.

가　____________ 씨, 주말에 어디에 갑니까?

나　저는 ____________________________________.

가　________________에서 무엇을 합니끼?

나　________________고 ________________.

　　____________ 씨는 주말에 어디에 갑니까?

가　저는 ________________________.

나　____________에서 무엇을 합니까?

가　________________고 ________________.

동사 카드 動詞カード

가다
行く

오다
来る

보다
見る

만나다
会う

먹다
食べる

마시다
飲む

듣다
聞く

읽다
読む

편지를 쓰다
手紙を書く

이야기하다
話す

춤을 추다
踊りを踊る

그림을 그리다
絵を描く

가르치다
教える

배우다
習う、学ぶ

자다
寝る

일어나다
起きる

만들다
作る

사다
買う

팔다
売る

바꾸다
換える

타다
乗る

(차에서) 내리다
（車を）降りる

갈아타다
乗り換える

청소하다
掃除をする

노래하다
歌う

운동하다
運動する

요리하다
料理する

세수하다
顔を洗う

샤워하다
シャワーする

수영하다
水泳する

인터넷하다
インターネットをする

공부하다
勉強する

韓流の発信地、汝矣島

韓流文化の中心地がどこか気になったら汝矣島に行ってみよう。
韓国の放送局が集まっている汝矣島へ行くと、
ショープログラムやドラマ撮影のために放送局を訪れる
韓国の有名な芸能人に会えることもある。
また、春になると花をつけた桜並木が壮観だ。
もしかしたら、満開の桜が咲き誇る汝矣島を歩いていて、
好きな芸能人に偶然会うというラッキーなことが起こるかもしれない。

오늘은 날씨가 어떻습니까?

今日の天気はどうですか

왕 샤 위	스테파니 씨, 오늘은 날씨가 어떻습니까?
스테파니	오늘은 날씨가 좋습니다.
왕 샤 위	호주는 요즘 날씨가 어떻습니까?
스테파니	호주는 요즘 날씨가 덥고 비가 옵니다.
	중국은 요즘 날씨가 어떻습니까?
왕 샤 위	중국은 요즘 날씨가 좋지만 춥습니다.

韓国には「삼한사온(三寒四温)」ということばがあります。冬に寒い日が三日ほど続き、その後の四日は暖かい日が続くことを言います。寒い冬が過ぎ去り、3月ごろに暖かくなり「春がきたなあ」と思ったら急に寒くなる日がありますが、このような寒さを「봄이 오는 것(꽃이 피는 것)을 시샘하는 추위: 春がくること(花が咲くこと)をねたむ寒さ」という意味で「꽃샘추위(花冷え)」と言います。

어떻습니까[어떤씀니까/ʌt'ʌ(t)s'ɯmɲik'a]　　좋습니다[존ː씀니다/tsoːs'ɯmɲida]
덥고[덥ː꼬/tə:pk'o]　　좋지만[조ː치만/tsoːtsʰiman]　　춥습니다[춥씀니다/tsʰups'ɯmɲida]

어휘와 표현 語彙と表現

01 동사 6 날씨 動詞 6 天気

(비가) 오다 (雨が) 降る	(비가) 내리다 (雨が) 降る
(눈이) 오다 (雪が) 降る	(눈이) 내리다 (雪が) 降る
(바람이) 불다 (風が) 吹く	(천둥이) 치다 (雷が) 鳴る
(번개가) 치다 (稲妻が) 走る	(안개가) 끼다 (霧が) かかる
(구름이) 끼다 (曇が) かかる、雲る	

02 형용사 1 날씨 形容詞 1 天気

덥다 暑い	춥다 寒い
따뜻하다 暖かい	시원하다 涼しい
쌀쌀하다 肌寒い	맑다 晴れる
흐리다 曇る	

03 형용사 2 맛 形容詞 2 味

맛있다 おいしい	맛없다 おいしくない、まずい
맵다 辛い	짜다 しょっぱい、塩辛い
달다 甘い	싱겁다 (味が) 薄い
쓰다 苦い	시다 すっぱい

04 형용사 3 形容詞 3

빠르다 速い	느리다 遅い

쉽다 やさしい	어렵다 難しい
재미있다 おもしろい	재미없다 おもしろくない
어떻다 どうだ	멋있다 すてきだ、かっこいい
복잡하다 複雑だ	예쁘다 きれいだ
친절하다 親切だ	불친절하다 不親切だ
기쁘다 嬉しい	슬프다 悲しい
나쁘다 悪い	좋다 良い
크다 大きい	작다 小さい
많다 多い	적다 少ない
넓다 広い	좁다 狭い
싸다 安い	비싸다 (値段が) 高い
편리하다 便利だ	불편하다 不便だ

05 기타 その他

요즘 このごろ	물건 物
한국 음식 韓国の食べ物	김치 キムチ

격음화(激音化)

발음규칙 発音規則

/ㄱ, ㄷ, ㅂ, ㅈ/は/ㅎ/の前や後で/ㅎ/と結合し、激音/ㅋ, ㅌ, ㅍ, ㅊ/で発音されます。

$$좋지만 \Rightarrow [조:치만]$$
$$ㅎ + ㅈ \Rightarrow ㅊ$$

많지 [만:치/maːntsʰi]	빨갛지 [빨가치/pʼalgatsʰi]
그렇지 [그러치/kɯrʌtsʰi]	노랗지 [노:라치/noːratsʰi]

문법 文法

01 N이/가 어떻습니까?
N이/가 A-ㅂ/습니다

Nはどうですか
NはAです

「A-ㅂ/습니다」も「V-ㅂ/습니까?」と同じく語幹の最終音節にパッチムがないときは「-ㅂ니다」、パッチムがあるときは「-습니다」がつきます。また、パッチムが「ㄹ」のときは「ㄹ」がとれ、「-ㅂ니다」がつきます。(例:많다→많습니다, 빠르다→빠릅니다, 멀다→멉니다)

날씨가 어떻습니까?

날씨가 좋습니다.

교실이 어떻습니까?

교실이 덥습니다.

한국 음식이 어떻습니까?

한국 음식이 맛있습니다.

02 N이/가 A-ㅂ/습니까?
N이/가 A-지 않습니다

NがAですか
NがAではありません

「A-지 않습니다」は「A-ㅂ/습니다」の否定を表します。語幹の最終音節のパッチムの有無にかかわらず「-지 않습니다」がつきます。(例:맵다→맵지 않습니다, 빠르다→빠르지 않습니다)

날씨가 **좋습니까?**
날씨가 **좋지 않습니다.** 비가 옵니다.

불고기가 **맵습니까?**
불고기가 **맵지 않습니다.**

한국어 공부가 **어렵습니까?**
한국어 공부가 **어렵지 않습니다.**

03 A-고 A

A-そしてA

「A-고」は2つ以上の形容詞を「그리고(そして、それから)」でつなげるときに使用します。このとき形容詞語幹の最終音節にパッチムがあってもなくても「A-고」がつきます。(例：덥다→덥고, 빠르다→빠르고)

오늘은 날씨가 **덥고** 비가 옵니다.

지하철은 **빠르고** 편리합니다.

한국어 선생님은 **친절하고** 예쁩니다.

04 A-지만 A

A-だけれどA

「A-지만」は2つの形容詞を「그렇지만(そうだけれど)」でつなげるとき使います。語幹の最終音節にパッチムがあってもなくても「-지만」がつきます。（例：복잡하다→복잡하지만, 어렵다→어렵지만）

서울은 **복잡하지만** 깨끗합니다.

김치는 **맵지만** 맛있습니다.

이 음악은 **좋지만** 슬픕니다.

|活用練習| 下の空欄に正しく書き入れましょう。

基本型	パッチムがないとき：A-ㅂ니다 パッチムがあるとき：A-습니다	：A-지 않습니다 ：A-지 않습니다
덥다	덥습니다	
춥다		춥지 않습니다
따뜻하다	따뜻합니다	따뜻하지 않습니다
시원하다	시원합니다	
비가 오다	비가 옵니다	
눈이 내리다		눈이 내리지 않습니다

회화 연습 会話練習

01　**오늘은 날씨가 어떻습니까?**　　　　　今日の天気はどうですか。

例文を参考にして練習してみましょう。

오늘
날씨
좋다

왕샤위 : 스테파니 씨, 오늘은 날씨가
　　　　　어떻습니까?
스테파니 : 오늘은 날씨가 좋습니다.

호주
날씨
덥다

가 : 호주는 날씨가 어떻습니까?
나 : ______________________________.

일본
날씨
덥고 비 오다

가 : ______________________________?
나 : ______________________________.

홍콩
날씨
시원하다

가 : ______________________________?
나 : ______________________________.

제주도
날씨
따뜻하다

가 : ______________________________?
나 : ______________________________.

02 날씨가 좋지만 춥습니다.　　　　　　　　　　天気はいいですが、寒いです。

例文を参考にして練習してみましょう。

왕샤위 : 스테파니 씨, 오늘은 날씨가
　　　　　어떻습니까?
스테파니 : 오늘은 날씨가 좋지만
　　　　　　춥습니다.

가 : 김치가 어떻습니까?
나 : ________________________.

가 : ________________________?
나 : ________________________.

가 : ________________________?
나 : ________________________.

가 : ________________________?
나 : ________________________.

03 **아니요, 춥지 않습니다.**　　　　　　いいえ、寒くありません。

例文を参考にして練習してみましょう。

왕샤위 : 스테파니 씨, 오늘은 날씨가
　　　　춥습니까?
스테파니 : 아니요, 오늘은 날씨가
　　　　　춥지 않습니다. 따뜻합니다.

가 : 김치가 맵습니까?
나 : 아니요, 김치는 ＿＿＿＿＿＿.
＿＿＿＿＿＿＿＿＿＿.

가 : ＿＿＿＿＿＿＿＿＿＿?
나 : ＿＿＿＿＿＿＿＿＿＿.
＿＿＿＿＿＿＿＿＿＿.

가 : ＿＿＿＿＿＿＿＿＿＿?
나 : ＿＿＿＿＿＿＿＿＿＿.
＿＿＿＿＿＿＿＿＿＿.

가 : ＿＿＿＿＿＿＿＿＿＿?
나 : ＿＿＿＿＿＿＿＿＿＿.
＿＿＿＿＿＿＿＿＿＿.

이준기와 이야기하기 イ・ジュンギと話そう

|날씨와 한국에 대한 인상 묻기| 天気と韓国の印象を尋ねる

CDを聞きながら、イ・ジュンギと話してみましょう。

이준기	왕샤위 씨는 어느 나라 사람입니까?
왕샤위	저는 중국 사람입니다.
이준기	중국은 요즘 날씨가 어떻습니까?
왕샤위	중국은 요즘 날씨가 시원합니다.
이준기	한국은 날씨가 어떻습니까?
왕샤위	한국은 날씨가 따뜻하고 좋습니다.
이준기	한국어 공부와 한국어 선생님은 어떻습니까?
왕샤위	한국어 공부는 어렵지만 재미있고, 한국어 선생님은 재미있고 친절합니다.

가 ___________ 씨는 어느 나라 사람입니까?

나 저는 _____________________.

가 ________은/는 요즘 날씨가 ________________?

나 ________은/는 요즘 날씨가 ________________.

가 ________은/는 날씨가 __________________?

나 ________은/는 날씨가 __________________.

가 ________와/과 ________은/는 ___________?

나 ________은/는 _____________________,

________은/는 _____________________.

형용사 카드 形容詞カード

크다
大きい

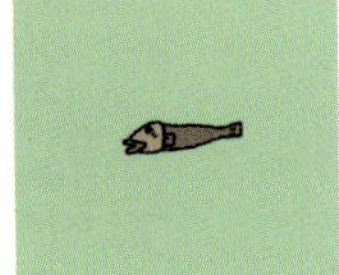

작다
小さい

많다
多い

적다
少ない

길다
長い

짧다
短い

무겁다
重い

가볍다
軽い

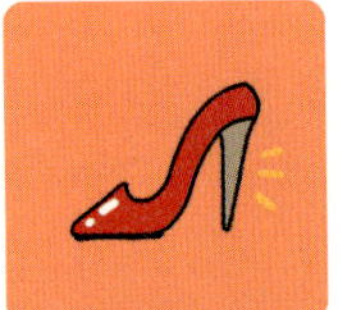

높다
高い

낮다
低い

빠르다
速い

느리다
遅い、のろい

재미있다
おもしろい

재미없다
つまらない

맛있다
おいしい

맛없다
まずい

어렵다
難しい

쉽다
やさしい

뜨겁다
熱い

차갑다
冷たい

밝다
明るい

어둡다
暗い

넓다
広い

좁다
狭い

멀다
遠い

가깝다
近い

편리하다
便利だ

불편하다
不便だ

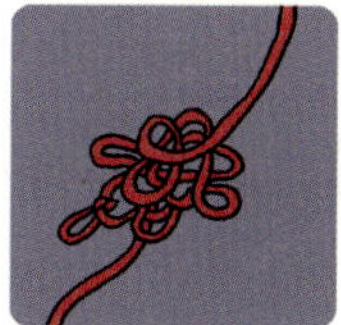

복잡하다
複雑だ

바쁘다
忙しい

예쁘다
きれいだ

맵다
辛い

친절하다
親切だ

불친절하다
不親切だ

깨끗하다
きれいだ、清潔だ

더럽다
汚い

기쁘다
嬉しい

슬프다
悲しい

좋다
良い

나쁘다
悪い

덥다
暑い

춥다
寒い

따뜻하다
暖かい

시원하다
冷たい、涼しい

맑다
晴れている、清い

흐리다
曇っている

싸다
（値段）が安い

비싸다
（値段）が高い

ソウルの中の小さな地球村、梨泰院

韓国にいながら全世界の人々に出会える場所、梨泰院。
アジアをはじめ、アメリカ、ヨーロッパ、中東、アフリカまで
世界中の文化圏が点在している。
国際的なショッピング名所として
海外でも認知度が高い梨泰院は、
ソウルで一番異国的な場所だ。
高い丘から街並が眺められるイスラム寺院は、
多文化の情緒を感じることができる
代表的な国際文化交流の場である。
ストリートを歩いていると、
韓国ではなく違う国に来たような
錯覚を覚えるかもしれない。

우리 함께
열심히
공부해 봐요!

오늘 뭐 해요?

今日は何をしますか

学習目標

状況
行き先を尋ねて答える
語彙
ソウル近郊の有名な
場所
動詞7ー遊び
文法
A/V−아/어요
안 A/V−아/어요
A/V−지 않아요

CD로 들어 보세요

이준기	리리 씨, 어디에 가요?
리 리	저는 지금 도서관에 가요.
	이준기 씨도 도서관에 가요?
이준기	아니요, 저는 도서관에 안 가요.
	명동에 가요.
리 리	벤슨 씨도 같이 명동에 가요?
벤 슨	네, 저도 명동에 가요.
리 리	명동에서 뭐 해요?
벤 슨	우리는 같이 명동에서 쇼핑하고 밥을 먹어요.

韓国では大学の図書館だけではなく、公共図書館もたくさんあります。一番多く資料を保有しているのは国会図書館です。また、南山のきれいな散歩道を歩いていくと、南山図書館があります。そこで韓国語で書かれた数多くの本を見たら、皆さんももっと韓国語の勉強をやりたくなるかもしれません。ぜひ一度行ってみてください。

도서관에[도서과네/tosʌgwane]   같이[가치/katsʰi]
밥을[바블/pabɯl]   먹어요[머거요/mʌgʌjo]

어휘와 표현 語彙と表現

01 장소 1 서울 근교의 유명한 장소   場所 1 ソウル近郊の有名な場所

민속촌 　民俗村

신촌 　新村

롯데월드 　ロッテワールド

강남 　江南

서울랜드 　ソウルランド

대학로 　大学路

에버랜드 　エバーランド

이태원 　梨泰院

명동 　明洞

동대문시장 　東大門市場

인사동 　仁寺洞

남대문시장 　南大門市場

02 동사 7 놀이   動詞 7 遊び

바이킹을 타다 　バイキングに乗る

전통차를 마시다 　伝統茶を飲む

놀이 기구를 타다 　アトラクションに乗る

롤러코스터를 타다 　ローラーコースターに乗る

선물을 사다 　プレゼントを買う

노래방에 가다 　カラオケに行く

연극을 보다 　演劇を見る

춤을 추다 　踊りを踊る

03 기타 その他

무엇/뭐 何   같이 いっしょに

혼자 一人   방송국 放送局

촬영 撮影   여의도 汝矣島

구개음화(口蓋音化)

발음규칙発音規則

パッチム/ㄷ, ㅌ/の後に「이」や「히」がきたら/ㅈ, ㅊ/に変わります。

$$같이 \Rightarrow [가치]$$

ㅌ+이→치	같이[가치/katsʰi]	붙이다[부치다/putsʰida]
ㄷ+이→지	굳이[구지/kudzi]	맏이[마지/madzi]
ㄷ+히→치	닫히다[다치다/tatsʰida]	굳히다[구치다/kutsʰida]

경음화(濃音化)

발음규칙発音規則

初声の/ㄱ, ㄷ, ㅂ, ㅅ, ㅈ/はパッチムㅂ(ㅍ)の後にくると、濃音/ㄲ, ㄸ, ㅃ, ㅆ. ㅉ/に変わります。

$$춥습니다 \Rightarrow [춥씀니다]$$

ㅂ(ㅍ) + ㄱ ㄷ ㅂ ㅅ ㅈ ⇒ ㄲ ㄸ ㅃ ㅆ ㅉ

맵다[맵따/mɛpt'a]   덥고[덥ː꼬/tə:pk'o]

높다[놉따/nopt'a]   좁다[좁따/tsopt'a]

문법 文法

01 A/V−아/어요

A/Vです（ます）

意味や丁寧さの度合いは「−ㅂ니다(습니다)」と同じですが、もっとやわらかい感じで、普通は女性が使います。また、話しことばでよく使われる傾向があります。

가다 ⇒ (가아요) ⇒ **가요**

좋다 ⇒ **좋아요**

서다 ⇒ (서어요) ⇒ **서요**

먹다 ⇒ **먹어요**

마시다 ⇒ **마셔요**

가르치다 ⇒ **가르쳐요**

説明 │「A/V−아/어요」形の作り方│

「A/V−아/어요」形を作るときは動詞の基本形から語尾「−다」をとり、語幹の最終音節の母音が「ㅏ, ㅗ」のときは「−아요」をつけ、それ以外のときは「어요」をつけます。また、語幹の最終音節が「하」のときは「해」に変わり「해요」となります。

ㅏ, ㅗがあるとき：좋다→좋다+아요→좋아요
ㅏ, ㅗがないとき：먹다→먹다+어요→먹어요
「하다」のとき：공부하다→공부하다+해요→공부해요

02 안 A/V-아/어요

A/Vの否定形

「A/V-아/어요」 の否定形は前に 「안」 をつけて、 「안 A/V-아/어요」 とします。
このとき 「공부하다(勉強する)」 のように 「하다(する)」 で終わる動詞の場合は
「안 공부해요」 ではなく、 「공부 안 해요」 となりますので気をつけましょう。

가다 ⇒ **안 가요**　　　　보다 ⇒ **안 봐요**

서다 ⇒ **안 서요**　　　　배우다 ⇒ **안 배워요**

공부하다 ⇒ **공부 안 해요**

03 A/V-지 않아요

A/Vの否定形

否定形では 「A/V-지 않아요」 も使いますが、 話しことばでは02の 「안 A/V+
아/어요」 をよく使います。

가다 ⇒ **가지 않아요**　　　　바쁘다 ⇒ **바쁘지 않아요**

먹다 ⇒ **먹지 않아요**　　　　덥다 ⇒ **덥지 않아요**

따뜻하다 ⇒ **따뜻하지 않아요**

|活用練習| 下の空欄に正しく書き入れましょう。

基本型	A/V-아/어요	안 A/V-아/어요	A/V-지 않아요
가다	가요	안 가요	가지 않아요
만나다			
오다			
보다			
앉다			
서다			
배우다			
먹다			
그리다			
가르치다			
마시다			
요리하다			
청소하다			
춥다			
덥다			

회화 연습 会話練習

例文を参考にして練習してみましょう。

이준기 : 퍼디 씨, 어디에 가요?
퍼디 : 저는 공원에 가요.

이준기 : 퍼디 씨, 도서관에 가요?
퍼디 : 아니요, 도서관에 안 가요.
　　　　은행에 가요.

가 : ________________________?
나 : ________________________.

가 : ________________________?
나 : ________________________.
　　 ________________________.

가 : ________________________?
나 : ________________________.
　　 ________________________.

02 오늘 뭐 해요?

今日は何をしますか。

例文を参考にして練習してみましょう。

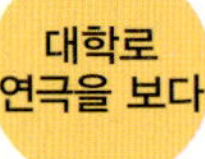

대학로
연극을 보다

이준기 : 리리 씨, 오늘 뭐 해요?
리리 : 저는 대학로에서 연극을 봐요.

롯데월드
바이킹을
타다

가 : 오늘 뭐 해요?
나 : 저는 ______________________.

인사동
전통차를
마시다

가 : ______________________?
나 : ______________________.

공원
그림을
그리다

가 : ______________________?
나 : ______________________.

강남
떡볶이를
먹다
쇼핑을 하다

가 : ______________________?
나 : ______________________.
______________________.

03 아니요, 책을 안 읽어요　　　　　いいえ、本を読みません。

例文を参考にして練習してみましょう。

도서관
책을 읽다 X
인터넷하다
○

이준기 : 퍼디 씨, 도서관에서 책을
　　　　　읽어요?
퍼디 : 아니요, 저는 책을 안 읽어요.
　　　　인터넷해요.

명동
영화를 보다 X
친구를
만나다 ○

가 : 명동에서 영화를 봐요?
나 : 아니요, 저는 ＿＿＿＿＿＿＿.
＿＿＿＿＿＿＿＿＿＿＿＿.

학교
한국어를
공부하다 X
영어를
가르치다 ○

가 : ＿＿＿＿＿＿＿＿＿?
나 : ＿＿＿＿＿＿＿＿＿.
＿＿＿＿＿＿＿＿＿.

집
텔레비전을
보다 X
청소하다 ○

가 : ＿＿＿＿＿＿＿＿＿?
나 : ＿＿＿＿＿＿＿＿＿.
＿＿＿＿＿＿＿＿＿.

롯데월드
바이킹을
타다 X
롤러코스터를
타다 ○

가 : ＿＿＿＿＿＿＿＿＿?
나 : ＿＿＿＿＿＿＿＿＿.
＿＿＿＿＿＿＿＿＿.

듣기 연습 聞き取り練習

01　주말 활동 묻기

週末の活動を尋ねる

CDで聞き取りの練習をしましょう。
2回流れますので、よく聞いて書いてください。

왕샤위 : 리리 씨, 주말에 뭐 해요?

리리 : 명동에서 쇼핑하고 맥주를 마셔요.

정답 : (①, ⑤) 명동에서 쇼핑하고 맥주를 마셔요.

①

②

③

④

⑤

⑥

⑦

⑧

⑨

1. (　　　,　　　) ＿＿＿＿＿＿고 ＿＿＿＿＿＿＿＿.

2. (　　　,　　　) ＿＿＿＿＿＿고 ＿＿＿＿＿＿＿＿.

3. (　　　,　　　) ＿＿＿＿＿＿고 ＿＿＿＿＿＿＿＿.

4. (　　　,　　　) ＿＿＿＿＿＿고 ＿＿＿＿＿＿＿＿.

이준기와 이야기하기 イ・ジュンギと話そう

|친구의 오늘 일정 묻기| 友達の今日のスケジュールを尋ねる
CDを聞きながら、イ・ジュンギと話してみましょう。

이준기 　리리 씨, 오늘 뭐 해요?

리 리 　저는 오늘 한국어를 공부해요.

이준기 　어디에서 한국어를 공부해요?

리 리 　도서관에서 한국어를 공부해요.
　　　　이준기 씨는 오늘 뭐 해요?

이준기 　저는 오늘 여의도에 가요.

리 리 　여의도에서 뭐 해요?

이준기 　여의도 방송국에서 촬영이 있어요.

가 ＿＿＿＿＿ 씨, 오늘 뭐 해요?

나 저는 ＿＿＿＿＿＿＿＿＿＿.

가 어디에서 ＿＿＿＿＿＿＿＿＿?

나 ＿＿＿＿에서 ＿＿＿＿＿＿＿＿.
　　＿＿＿＿ 씨는 ＿＿＿＿＿＿?

가 저는 ＿＿＿＿＿＿＿＿.

나 ＿＿＿에서 ＿＿＿＿＿＿?

가 ＿＿＿＿＿에서 ＿＿＿＿＿＿＿.

동사·형용사 활용표 動詞と形容詞の活用表

これまで勉強してきた動詞と形容詞の活用を整理した表です。この活用表を見ながら、もう一度整理してみてください。

基本型	A/V-ㅂ/습니다	A/V-지 않습니다	A/V-아/어요	안 A/V-아/어요
가다	갑니다	가지 않습니다	가요	안 가요
만나다	만납니다	만나지 않습니다	만나요	안 만나요
보다	봅니다	보지 않습니다	봐요	안 봐요
오다	옵니다	오지 않습니다	와요	안 와요
먹다	먹습니다	먹지 않습니다	먹어요	안 먹어요
마시다	마십니다	마시지 않습니다	마셔요	안 마셔요
만들다	만듭니다	만들지 않습니다	만들어요	안 만들어요
팔다	팝니다	팔지 않습니다	팔아요	안 팔아요
듣다	듣습니다	듣지 않습니다	들어요	안 들어요

基本型	A/V-ㅂ/습니다	A/V-지 않습니다	A/V-아/어요	안 A/V-아/어요
요리하다	요리합니다	요리하지 않습니다	요리해요	요리 안 해요
청소하다	청소합니다	청소하지 않습니다	청소해요	청소 안 해요
춥다	춥습니다	춥지 않습니다	추워요	안 추워요
덥다	덥습니다	덥지 않습니다	더워요	안 더워요
맛있다	맛있습니다	맛있지 않습니다	맛있어요	안 맛있어요
좋다	좋습니다	좋지 않습니다	좋아요	안 좋아요
많다	많습니다	많지 않습니다	많아요	안 많아요
비싸다	비쌉니다	비싸지 않습니다	비싸요	안 비싸요
친절하다	친절합니다	친절하지 않습니다	친절해요	안 친절해요

우리 함께
열심히
공부해 봐요!

백화점에 가서 쇼핑해요
デパートに行ってショッピングします

学習目標

状況
一日のスケジュールを
話す
語彙
動詞8-日常生活
文法
V-아/어서 V

CD로 들어 보세요

최지영 벤슨 씨, 주말에 보통 뭐 해요?
벤 슨 저는 주말에 보통 아침에 일어나서
커피를 마셔요.
그리고 백화점에 가서 쇼핑해요.
오후에 친구를 만나서 영화를 봐요.
저녁에 요리해서 친구와 같이 먹어요.

韓国の食べ物は味が濃いせ
いか、韓国ではクリームと砂
糖の入ったインスタントコーヒ
ーを好む人が多いようです。
おもしろいことにブラックコ
ーヒーの好きな外国人も韓
国に長く住んでいると、食
後にインスタントコーヒーを
好んで飲むようになると言
います。

주말에[주마레/tsumare]　　아침에[아치메/atsʰime]
백화점에[배콰저메/pɛkʰwadzʌme]　　같이[가치/katsʰi]　　먹어요[머거요/mʌgʌjo]

어휘와 표현 語彙と表現

01　동사 8　일상생활

주다　あげる、くれる

보내다　過ごす、送る

일어나다　起きる

샤워하다　シャワーする

선물하다　プレゼントする

편지를 쓰다　手紙を書く

테니스를 치다　テニスをする

농구를 하다　バスケットボールをする

자전거를 타다　自転車に乗る

정리하다　整理する

02　기타

신문　新聞　　　　　일과　日課、スケジュール

대학교　大学校　　　보통　普通

격음화(激音化)

발음규칙 発音規則

/ㄱ, ㄷ, ㅂ, ㅈ/は、/ㅎ/の前や後で/ㅎ/と結合し、激音/ㅋ, ㅌ, ㅍ, ㅊ/で発音されます。

$$백하점 \Rightarrow [배콰점]$$
$$ㄱ + ㅎ \Rightarrow ㅋ$$

축하해요[추카해요/tsʰukʰaɦɛjo]　　　박하사탕[바카사탕/pakʰasatʰaŋ]

각하[가카/kakʰa]　　　낙하산[나카산/nakʰasan]

문법 文法

01 V–아/어서 V

VしてV(時間)

아침에 **일어나서** 커피를 마셔요.
아침에 **일어나서** 샤워를 해요.

학교에 **와서** 공부해요.
도서관에 **가서** 책을 읽어요.

친구를 **만나서** 영화를 봐요
로이 씨를 **만나서** 쇼핑해요.

説明　8課で習った「V고 V」は単純な列挙、「そして」の意味を持ちますが、「V–아/어/서 V」は、「그리고 거기서(そしてそこで)」「그리고 그 사람과 같이(そしてその人といっしょに)」「그때(そのとき)」「그리고 그것을(そしてそれを)」の4つの意味を持ち、「時間の順序」を表します。

아침에 일어나요→(아침에)→커피를 마셔요⇒아침에 일어나서 커피를 마셔요.
친구를 만나요→(그 친구와 같이)→영화를 봐요⇒친구를 만나서 영화를 봐요.
빵을 사요→(그 빵을)→먹어요⇒빵을 사서 먹어요.
학교에 가요→(학교에시)→공부해요⇒학교에서 공부해요.

説明　|「V–아/어서 V」形の作り方|
「V–아/어서 V」形を作る方法は、「V–아/어요」と同じです。まず語尾「–다」をとり語幹の最終音節に「ㅏ, ㅗ」があるときは「아서」をつけ、ないときは「어서」をつけます。また、語幹の最終音節が「–하」の場合は「–해」に変わり「해서」となります。

ㅏ, ㅗがあるとき : 일어나다→일어나다+아서→일어나서
ㅏ, ㅗがないとき : 만들다→만들다+어서→만들어서
「하다」のとき : 요리하다→요리하다+해서→요리해서

회화 연습 会話練習

 아침에 일어나서 커피를 마셔요.　朝起きて(そのとき)コーヒーを飲みます。

例文を参考にして練習してみましょう。

최지영 : 벤슨 씨, 아침에 일어나서
　　　　보통 뭐 해요?
벤슨 : 저는 아침에 일어나서
　　　커피를 마셔요.

가 : ＿＿＿＿＿＿＿＿＿＿ 뭐 해요?
나 : 저는 ＿＿＿＿＿＿＿＿＿＿.

가 : ＿＿＿＿＿＿＿＿＿＿＿?
나 : ＿＿＿＿＿＿＿＿＿＿＿.

가 : ＿＿＿＿＿＿＿＿＿＿＿?
나 : ＿＿＿＿＿＿＿＿＿＿＿.

가 : ＿＿＿＿＿＿＿＿＿＿＿?
나 : ＿＿＿＿＿＿＿＿＿＿＿.

02 학교에 가서 공부해요.

学校に行って(そこで)勉強します。

例文を参考にして練習してみましょう。

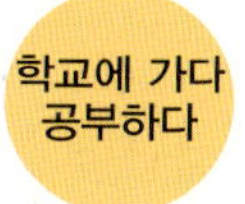

학교에 가다
공부하다

최지영 : 비비엔 씨, 학교에 가서
　　　　보통 뭐 해요?
비비엔 : 저는 학교에 가서 공부해요.

학교에 가다
친구를
만나다

가 : ＿＿＿＿＿＿＿＿＿＿ 뭐 해요?
나 : 저는 ＿＿＿＿＿＿＿＿＿＿.

동대문시장에
가다
옷을 사다

가 : ＿＿＿＿＿＿＿＿＿＿?
나 : ＿＿＿＿＿＿＿＿＿＿.

이태원에
가다
맥주를 마시다

가 : ＿＿＿＿＿＿＿＿＿＿?
나 : ＿＿＿＿＿＿＿＿＿＿.

인사동에
가다
선물을 사다

가 : ＿＿＿＿＿＿＿＿＿＿?
나 : ＿＿＿＿＿＿＿＿＿＿.

03 **친구를 만나서 테니스를 쳐요.** 友達に会って(その人といっしょに)テニスをします。

例文を参考にして練習してみましょう。

친구를
만나다
테니스를
치다

최지영 : 벤슨 씨, 친구를 만나서 보통
　　　　뭐 해요?
벤슨 : 저는 친구를 만나서
　　　테니스를 쳐요.

친구를 만나다
커피를
마시다

가 : ＿＿＿＿＿＿＿＿＿＿ 뭐 해요?
나 : 저는 ＿＿＿＿＿＿＿＿＿＿.

친구를
만나다
영화를 보다

가 : ＿＿＿＿＿＿＿＿＿＿?
나 : ＿＿＿＿＿＿＿＿＿＿.

이준기 씨를
만나다
피자를 먹다

가 : ＿＿＿＿＿＿＿＿＿＿?
나 : ＿＿＿＿＿＿＿＿＿＿.

로이 씨를
만나다
놀이 기구를
타다

가 : ＿＿＿＿＿＿＿＿＿＿?
나 : ＿＿＿＿＿＿＿＿＿＿.

04 꽃을 사서 친구에게 줘요.   花を買って友達にあげます。

例文を参考にして練習してみましょう。

꽃을 사다
친구에게
주다

최지영 : 벤슨 씨, 꽃을 사서 뭐 해요?
벤슨 : 꽃을 사서 친구에게 줘요.

요리하다
친구와
같이 먹다

가 : ＿＿＿＿＿＿＿＿＿＿＿ 뭐 해요?
나 : 저는 ＿＿＿＿＿＿＿＿＿＿＿.

김치를
만들다
친구에게
주다

가 : ＿＿＿＿＿＿＿＿＿＿＿?
나 : ＿＿＿＿＿＿＿＿＿＿＿.

스파게티를
만들다
친구와
같이 먹다

가 : ＿＿＿＿＿＿＿＿＿＿＿?
나 : ＿＿＿＿＿＿＿＿＿＿＿.

편지를 쓰다
친구에게
보내다

가 : ＿＿＿＿＿＿＿＿＿＿＿?
나 : ＿＿＿＿＿＿＿＿＿＿＿.

듣기 연습 聞き取り練習

01 하루 일과 묻기　　　　　　1日のスケジュールを尋ねる

CDで聞き取りの練習をしましょう。
2回流れますのでよく聞いて書いてください。

최지영 : 벤슨 씨, 보통 아침에 일어나서 뭐 해요?

벤슨 : 저는 아침에 일어나서 샤워하고 커피를 마셔요.

정답 : (⑦, ⑨)　샤워하고 커피를 마셔요.

1. (　　　,　　　) ＿＿＿＿＿고 ＿＿＿＿＿＿.

2. (　　　,　　　) ＿＿＿＿＿고 ＿＿＿＿＿＿.

3. (　　　,　　　) ＿＿＿＿＿고 ＿＿＿＿＿＿.

4. (　　　,　　　) ＿＿＿＿＿고 ＿＿＿＿＿＿.

이준기와 이야기하기 イ・ジュンギと話そう

친구의 생활에 대해 묻기 友達の生活を尋ねる

CDを聞きながら、イ・ジュンギと話してみましょう。

벤 슨　이준기 씨, 보통 아침에 일어나서 뭐 해요?

이준기　저는 보통 아침에 일어나서 공원에서 운동해요.
　　　　그리고 집에 와서 샤워하고, 요리해서
　　　　밥을 먹어요.

벤 슨　주말에는 보통 뭐 해요?

이준기　태국 친구를 만나서 태국어 공부를 해요.
　　　　그리고 집에 와서 일주일 일과를 정리하고
　　　　자요. 벤슨 씨는 주말에 보통 뭐 해요?

벤 슨　저는 주말에 보통 영화를 보고
　　　　친구를 만나요.

가　___________ 씨, 보통 아침에 일어나서 뭐 해요?

나　저는 ____________________________________.

　　그리고 ____________________________________.

가　주말에는 보통 뭐 해요?

나　____________________________________.

　　___________ 씨는 ____________________?

가　저는 ____________________________________.

으 불규칙 「—」不規則

語幹の最終音節に「바쁘다」「예쁘다」のようにパッチムがなく母音が「—」の場合、動詞と形容詞の後に「아/어요」「아/어서」などの母音で始まる語尾がくると母音「—」がなくなり、残った子音に「–아/어요」「아/어서」などの語尾がつきます。この現象を「—」不規則と言います。

ㅏ, ㅗのとき：바쁘다→바쁘다+아요→바빠요
ㅏ, ㅓじゃないとき：예쁘다→예쁘다+어요→예뻐요
「—」の前の音節がないとき：쓰다→쓰다+어요→써요

바쁘다	바쁩니다 바빠요	바쁘지 않습니다 안 바빠요	바쁘고 바쁘지 않아요	바쁘지만 바빠서
아프다		아프지 않습니다 안 아파요	아프고 아프지 않아요	아프지만 아파서
예쁘다	예쁩니다 예뻐요		예쁘고 예쁘지 않아요	
기쁘다		기쁘지 않습니다 안 기뻐요		
쓰다	씁니다 써요		쓰고 쓰지 않아요	쓰지만 써서

ㄷ 불규칙 「ㄷ」不規則

語幹の最終音節のパッチムが「ㄷ」動詞の中で、「듣다, 걷다, 묻다」の場合、「－아/어요」「아/어서」「－(으)면」「－(으)세요」などの母音で始まる語尾がきたら、パッチム「ㄷ」が「ㄹ」に変わります。このような現象を「ㄷ」不規則と言います。

「듣다, 걷다, 묻다」の動詞の後に「－아/어요」「－(으)면」などの語尾がくると、基本形の語尾「다」がとれ、パッチム「ㄷ」が「ㄹ」に変わり、「듣다」が「들어요」「들으면」のようになります。

듣다→듣다＋아/어요→들어요
듣다→듣다＋(으)면→들으면

듣다	듣습니다	듣고	듣지만		
	들어요	들을까요?	들읍시다	들으면	들으세요
걷다	걷습니다	걷고	걷지만		
	걸어요	걸을까요?	걸읍시다	걸으면	걸으세요
묻다	묻습니다	묻고	묻지만		
	물어요	물을까요?	물읍시다	물으면	물으세요

有名ブランドとセレブストリート、狎鷗亭

有名ブランドショップと高級レストランが通り沿いに並ぶこの地は、
セレブストリートと言えば通じる。
ストリートには、モデルのようにかっこいい男女が行き交い、
芸能、映画、音楽などエンターテインメント会社のオフィスが
多いせいか、有名人をよく見かける。
結婚を控えた女性たちの心をときめかすウェディングショップや
きれいになりたいという女心を誘う
ビューティショップにも目を引かれる。

어제 영화를 봤어요

昨日、映画を見ました

12

学習目標

状況
過ぎた日の話をする
語彙
食べ物
旅行地
動詞 9-趣味
文法
A/V-았/었어요
안 A/V-았/었어요
A/V-지 않았어요
N의N

이준기　마스미 씨, 어제 무엇을 했어요?

마스미　명동에서 커피를 마시고 영화를 봤어요.

이준기　무슨 영화를 봤어요?

마스미　〈왕의 남자〉를 봤어요.
　　　　이준기 씨는 어제 뭘 했어요?

이준기　친구와 같이 동대문시장에 갔어요.

마스미　동대문시장에서 뭘 했어요?

이준기　동대문시장에서 옷을 사고 비빔국수를 먹었어요.

朝鮮時代の芸人たちの話を描いた映画『王の男』は、韓国で約1,000万人の観客を動員した話題作です。俳優イ・ジュンギをスターにした映画としても知られています。韓国の市民芸術、文化に接することもできる点や映像の美しさなどが高く評価された、おすすめの韓国映画です。

했어요[해써요/hɛ(t)s'ʌjo]　　봤어요[봐:써요/pwa:(t)s'ʌjo]　　왕의[왕에/waŋe]

옷을[오슬/osɯl]　　국수[국쑤/kuks'u]　　갔어요[가써요/ka(t)s'ʌjo]

어휘와 표현 語彙と表現

01 음식 　食べ物

비빔국수	ビビンククス	만두	餃子
비빔밥	ビビンパ	갈비탕	カルビスープ
김치찌개	キムチチゲ	냉면	冷麺
된장찌개	テンジャンチゲ	칼국수	カルククス
피자	ピザ		

02 여행지 　旅行地

산	山	북한산	北漢山
설악산	雪嶽山	도봉산	道峯山
바다	海	놀이동산	アスレチック公園
온천	温泉	호수	湖

03 동사 9 취미 　動詞 9 趣味

등산을 하다　登山をする、山登りをする

피아노[기타]를 치다　ピアノ(ギター)を弾く

골프[테니스/볼링]을/를 치다　ゴルフ(テニス/ボーリング)をする

스키[스케이트]를 타다　スキー(スケート)をする

태권도를 하다　テコンドーをする

[수영/축구]을/를 하다　(水泳/サッカー)をする

| **04** | **기타** | その他 |

무엇을=뭘　何を

왕의 남자　「王の男」

테니스장　テニス場、テニスコート

태권도장　テコンドー場

우리 동네　自分の住んでいる周辺

바　バー

'의'의 발음(「의」の発音)

母音「의」は、初声が「ㅇ」の場合はその位置によって[의]や[이]と発音し、初声が「ㅇ」ではない子音がくるときは[이]、助詞として使われるときは[에]と発音します。

▶初めの音節にくるとき　　　　의사[의사/ɰisa]

▶初声が子音のとき　　　　　　희망[히망/himaŋ]

▶初めの音節ではないとき　　　민주주의[민주주이/mindzudzui]

▶助詞として使われるとき　　　왕의 남자[왕에 남자/waŋenamdza]

문법 文法

01 A/V-았/었어요 A/Vの過去形

가다 ⇒ **갔어요**

좋다 ⇒ **좋았어요**

배우다 ⇒ **배웠어요**

먹다 ⇒ **먹었어요**

읽다 ⇒ **읽었어요**

説明 |「A/V-았/었어요」形の作り方|
「A/V-았/었어요」は形容詞と動詞の過去形です。作り方は、基本形から「다」をとり、語幹の最終音節が「ㅏ, ㅗ」のときは「았어요」をつけ、それ以外のときは「었어요」をつけます。「하다」動詞の場合には「했어요」になります。

ㅏ, ㅗ があるとき：좋다→좋다+았어요→좋았어요
ㅏ, ㅗ がないとき：먹다→먹다+었어요→먹었어요
「하다」のとき：공부하다→공부하다+했어요→공부했어요

説明 |「A/V-았/었어요」形を簡単に作る方法|
皆さんがすでに習った「A/V-았/었어요」の形から「-요」をとり、「ㅆ어요」をつけると簡単に過去形になります。

가요→가요+ㅆ어요→갔어요
먹어요→먹어요+ㅆ어요→먹었어요
공부해요→공부해요+ㅆ어요→공부했어요

02 안 A/V-았/었어요　　　　　　A/V否定の過去形

가다 ⇒ **안 갔어요**

좋다 ⇒ **안 좋았어요**

먹다 ⇒ **안 먹었어요**

공부하다 ⇒ **공부 안 했어요**

03 A/V-지 않았어요　　　　　　A/V否定の過去形

가다 ⇒ **가지 않았어요**

마시다 ⇒ **마시지 않았어요**

읽다 ⇒ **읽지 않았어요**

공부하다 ⇒ **공부하지 않았어요**

04 N의 N

NのN

왕**의** 남자	스테파니 씨**의** 친구
유 선생님**의** 학생	최지영 씨**의** 휴대폰
한국**의** 산	오늘**의** 뉴스

|活用練習| 下の空欄に正しく書き入れましょう。

基本型	A/V-았/었어요	안 A/V-았/었어요	A/V-지 않았어요
가다	갔어요	안 갔어요	가지 않았어요
만나다	만났어요		만나지 않았어요
오다	왔어요		
보다	봤어요	안 봤어요	
앉다		안 앉았어요	앉지 않았어요
배우다			배우지 않았어요
읽다			읽지 않았어요
그리다		안 그렸어요	

회화 연습 会話練習

01 지난 주말에 어디에 갔어요? 　　　　　先週、どこに行きましたか。

例文を参考にして練習してみましょう。

지난 주말
바다

이준기 : 마스미 씨, 지난 주말에
　　　　　어디에 갔어요?
마스미 : 저는 지난 주말에 바다에 갔어요.

지난 주말
도서관

가 : 지난 주말에 어디에 갔어요?
나 : 저는 ＿＿＿＿＿＿＿＿＿＿＿＿＿.

지난 주말
설악산

가 : ＿＿＿＿＿＿＿＿＿＿＿＿＿?
나 : ＿＿＿＿＿＿＿＿＿＿＿＿＿.

지난 주말
온천

가 : ＿＿＿＿＿＿＿＿＿＿＿＿＿?
나 : ＿＿＿＿＿＿＿＿＿＿＿＿＿.

지난 주말
놀이동산

가 : ＿＿＿＿＿＿＿＿＿＿＿＿＿?
나 : ＿＿＿＿＿＿＿＿＿＿＿＿＿.

<table>
<tr><td>02</td><td>**지난 주말에 민속촌에 갔어요?**</td><td>先週末、民俗村に行きましたか。</td></tr>
</table>

例文を参考にして練習してみましょう。

이준기 : 마스미 씨, 지난 주말에
　　　　민속촌에 갔어요?
마스미 : 아니요, 저는 민속촌에 안 갔어요.
　　　　롯데월드에 갔어요.

가 : 지난 주말에 도서관에 갔어요?
나 : 아니요, 저는 ＿＿＿＿＿에 안 갔어요.
＿＿＿＿＿＿＿＿＿＿＿.

가 : ＿＿＿＿＿＿＿＿＿＿＿?
나 : ＿＿＿＿＿＿＿＿＿＿＿.
＿＿＿＿＿＿＿＿＿＿＿.

가 : ＿＿＿＿＿＿＿＿＿＿＿?
나 : ＿＿＿＿＿＿＿＿＿＿＿.
＿＿＿＿＿＿＿＿＿＿＿.

가 : ＿＿＿＿＿＿＿＿＿＿＿?
나 : ＿＿＿＿＿＿＿＿＿＿＿.
＿＿＿＿＿＿＿＿＿＿＿.

03 어제 무엇을 했어요?　　　　　　　　　　　昨日、何をしましたか。

例文を参考にして練習してみましょう。

어제, 집
텔레비전을
보다
책을 읽다

이준기 : 마스미 씨, 어제 무엇을 했어요?
마스미 : 저는 어제 집에서 텔레비전을
　　　　보고 책을 읽었어요.

어제, 영화관
영화를 보다
술을 마시다

가 : 어제 무엇을 했어요?
나 : ________________________
________________________ .

어제, 집
텔레비전을
보다
청소하다

가 : ________________________ ?
나 : ________________________
________________________ .

지난 주말
명동
피자를 먹다
쇼핑을 하다

가 : ________________________ ?
나 : ________________________
________________________ .

지난 주말
이태원
술을 마시다
춤을 추다

가 : ________________________ ?
나 : ________________________
________________________ .

04 아니요, 태권도를 안 했어요.

例文を参考にして練習してみましょう。

이준기 : 마스미 씨, 어제 학교에서
태권도를 했어요?

마스미 : 아니요, 저는 태권도를 안 했어요.
테니스를 쳤어요.

가 : 어제 명동에서 영화를 봤어요?

나 : 아니요, 저는 _______를 안 봤어요.

_______________________.

가 : _______________________?

나 : _______________________.

_______________________.

가 : _______________________?

나 : _______________________.

_______________________.

가 : _______________________?

나 : _______________________.

_______________________.

듣기 연습 聞き取り練習

01 지난 일 묻기 　　　　　　　　　　　過ぎた事柄を尋ねる

CDで聞き取りの練習をしましょう。
2回流れますので、よく聞いて書いてください。

퍼디 : 마스미 씨, 지난 주말에 무엇을 했어요?

마스미 : 저는 지난 주말에 스키를 타고 수영을 했어요.

정답 : (③, ④)　스키를 타고 수영을 했어요.

1. (　　　,　　　) ＿＿＿＿＿고 ＿＿＿＿＿＿＿.

2. (　　　,　　　) ＿＿＿＿＿고 ＿＿＿＿＿＿＿.

3. (　　　,　　　) ＿＿＿＿＿고 ＿＿＿＿＿＿＿.

4. (　　　,　　　) ＿＿＿＿＿고 ＿＿＿＿＿＿＿.

이준기와 이야기하기 イ・ジュンギと話そう

|01 지난 주말 활동 이야기하기| 先週末の活動の話をする
CDを聞きながら、イ・ジュンギと話してみましょう。

이준기　　비비엔 씨, 주말에 뭐 했어요?

비비엔　　저는 주말에 친구와 같이 쇼핑했어요.

이준기　　어디에서 쇼핑했어요?

비비엔　　명동에서 쇼핑했어요.
　　　　　이준기 씨는 주말에 뭐 했어요?

이준기　　저는 주말에 운동했어요.

비비엔　　무슨 운동을 했어요?

이준기　　태권도를 했어요.

가　　__________ 씨, 주말에 뭐 했어요?

나　　저는 ____________________________.

가　　어디에서 ____________________________?

나　　__________에서 ____________________.
　　　__________ 씨는 주말에 뭐 했어요?

가　　저는 ____________________________.

나　　____________________________?

가　　____________________________.

|**02 일기 쓰기**| 日記を書く
皆さんもイ・ジュンギのように、日記を書いてみましょう。

2010년 5월 5일 맑다 ☼

어제는 날씨가 아주 좋았어요.
선생님과 친구들이 우리 집에 왔어요.
비비엔 씨는 남자 친구하고 같이 왔어요.
우리는 같이 스페인 음식과 중국 음식을 먹고
일본 차를 마셨어요.
비비엔 씨와 로베르토 씨는 노래를 했어요.
로이 씨도 홍콩 노래를 했어요.
아주 좋았어요.

년   월   일

취미 카드

趣味カード

독서

読書

음악 감상

音楽鑑賞

인터넷을 하다

インターネットをする

그림을 그리다

絵を描く

노래하다

歌う

요리하다

料理する

춤을 추다

踊りを踊る

텔레비전을 보다

テレビを見る

테니스를 치다

テニスをする

기타를 치다

ギターを弾く

수영하다

水泳する

골프를 치다

ゴルフをする

스키를 타다

スキーをする

태권도를 하다

テコンドーをする

농구를 하다

バスケットボールをする

쇼핑하다

ショッピングする

등산을 하다
登山をする

스케이트를 타다
スケートをする

피아노를 치다
ピアノを弾く

영화를 보다
映画を見る

걷기
歩き、散歩

공연을 보다
公演を見る

놀이공원에 가다
遊園地に行く

산책을 하다
散歩をする

신문을 보다
新聞を読む

야구를 하다
野球をする

여행을 가다
旅行に行く

연을 날리다
凧を揚げる

운동을 하다
運動をする

차를 마시다
お茶を飲む

클럽에 가다
クラブに行く

편지를 쓰다
手紙を書く

公演ストリート、大学路

若い演劇俳優の夢と情熱が息づく大学路。

韓国の公演文化は大学路とともに発展したと言っても過言ではない。

毎日、ストリート公演が開かれ、マロニエ公園では無料で芸術公演を観覧できる。

平日の午後5時前に大学路の道で出会う人々の半分が演劇俳優だという話があるくらい、

大学路は演劇俳優のアジトだ。

隙間なくぴったりくっついた小劇場の客席に入ってみると、

若い演劇俳優の夢と情熱を思いっきり感じることができるだろう。

오늘 한잔 어때요?

今日、一杯どうですか

13

学習目標

状況
約束する
語彙
動詞10−約束
文法
V−(으)ㄹ까요?
V−(으)ㅂ시다
A/V−(으)면 A/V

최지영	퍼디 씨, 오늘 시간이 있으면 한잔 어때요?
퍼 디	좋아요. 어디로 갈까요?
최지영	광화문 호프로 갑시다.
퍼 디	네, 좋아요. 그럼 어디에서 만날까요?
최지영	오늘 저녁 6시에 한국대학교 앞에서 만납시다.
퍼 디	네, 좋아요.

韓国人は軽くビールを飲みたいとき、「호프」というところによく行きます。大学やオフィスが立ち並ぶ場所に多く見られますが、ここでは生ビールや韓国のビールはもちろんのこと、世界のビールを楽しめるところもあります。若い人たちはビールとチキン、トンカツのようなつまみを注文し、お酒を飲むのが普通です。

있으면[이쓰면/i(t)s'ɯmjʌn]　　좋아요[조:아요/tso:ajo]　　옆의[여페/jʌpe]
갑시다[갑씨다/kapɕ'ida]　　여섯 시에[여서씨에/jʌsʌ(t)ɕ'ie]

어휘와 표현 語彙と表現

01 동사 10 약속　　　　　　　　　　　　　動詞 10 約束

끝나다　終わる

방학하다(＝방학을 하다)　夏休みになる

파티를 하다　パーティをする

여행하다(＝여행을 가다)　旅行する(旅行に行く)

한잔하다　一杯やる

시간이 있다　時間がある

시간이 없다　時間がない

02 기타　　　　　　　　　　　　　　　　　　その他

경복궁　景福宮　　　　　　　약　薬

고향　故郷　　　　　　　　　유럽　ヨーロッパ

호프　ビール　　　　　　　　타이타닉　タイタニック

007　ゼロゼロセブン

'ㅎ' 탈락(「ㅎ」脱落)

발음규칙 発音規則

パッチム/ㅎ/は、母音で始まることばの前で脱落します。

좋아요 ⇒ [조ː아요]

ㅎ ＋ ㅇ ⇒ Ø ＋ ㅇ

많아요[마ː나요/maːnajo]　　안아요[아나요/anajo]

문법 文法

01 V-(으)ㄹ까요?
의향 묻기

Vしましょうか
意向を尋ねる

가다 ⇒ 오늘 오후에 명동에 **갈까요?**

먹다 ⇒ 오늘 저녁에 생선을 **먹을까요?**

만들다 ⇒ 주말에 같이 김치를 **만들까요?**

説明 |「V-(으)ㄹ까요?」形の作り方|
動詞の基本形から「-다」をとり、語幹の最終音節にパッチムがないときは「-ㄹ까요?」をつけ、あるときは「-을까요?」をつけます。また、語幹の最終音節のパッチムが「ㄹ」のときは「ㄹ」をとり、「-ㄹ까요?」をつけます。

パッチムがないとき：가다→가다+ㄹ까요→갈까요?
パッチムがあるとき：먹다→먹다+을까요→먹을까요?
パッチムが「ㄹ」のとき：만들다→만들다+ㄹ까요→만들까요?

|**活用練習**|下の空欄に正しく書き入れましょう。

基本型	-(으)ㄹ까요?
가다	갈까요?
보다	
만나다	만날까요?
마시다	

02 V-(으)ㅂ시다
청유

Vしましょう
勧誘

가다 ⇒ 일요일에 민속촌에 **갑시다.**

읽다 ⇒ 도서관에서 한국어 책을 **읽읍시다.**

만들다 ⇒ 주말에 같이 김치를 **만듭시다.**

説明 |「V-(으)ㅂ시다」形の作り方|

基本形から「-다」をとり、語幹の最終音節にパッチムがないときは「-ㅂ시다」をつけ、あるときは「-읍시다」をつけます。また、語幹の最終音節のパッチムが「ㄹ」のときは、「ㄹ」をとり「-ㅂ시다」をつけます。

パッチムがないとき：가다→가다+ㅂ시다→갑시다
パッチムがあるとき：먹다→먹다+읍시다→먹읍시다
パッチムが「ㄹ」のとき：만들다→만들다+ㅂ시다→만듭시다

|**活用練習**|下の空欄に正しく書き入れましょう。

基本型	-(으)ㅂ시다
가다	갑시다
보다	봅시다
만나다	
마시다	

03 A/V-(으)면 A/V
조건, 가정

A/VしたらA/V
仮定、条件

방학을 하다 ⇒ 방학을 **하면** 뭐 해요?

수업이 끝나다 ⇒

수업이 **끝나면** 친구를 만나서 영화를 봐요.

빵을 먹다 ⇒ 빵을 **먹으면** 기분이 좋아요.

説明 |「A/V-(으)면」形の作り方|
基本形から「-다」をとり、語幹の最終音節にパッチムがないときやㄹパッチムのときは「-면」をつけ、語幹の最終音節にパッチムがあるときは「-으면」をつけます。

パッチムがないときとパッチムが「ㄹ」のとき
: 하다→하다+면→하면/만들다→만들다+면→만들면
パッチムがあるとき : 먹다→먹다+으면→먹으면

|**活用練習**|下の空欄に正しく書き入れましょう。

基本型	A/V-(으)면
방학을 하다	방학을 하면
시간이 있다	
시간이 없다	
수업이 끝나다	

회화 연습 会話練習

01 오늘 영화를 볼까요?　　　　　　　今日、映画を見ましょうか。

例文を参考にして練習してみましょう。

최지영 : 퍼디 씨, 오늘 영화를 볼까요?
퍼디 : 네, 좋아요. 영화를 봅시다.

가 : 내일 점심을 먹을까요?
나 : 네, 좋아요. ___________________.

가 : _______________________________?
나 : _______________________________.

가 : _______________________________?
나 : _______________________________.

가 : _______________________________?
나 : _______________________________.

02   주말에 경복궁에 갑시다.   週末、景福宮に行きましょう。

例文を参考にして練習してみましょう。

최지영 : 퍼디 씨, 주말에 경복궁에 갑시다.
　　　　버스를 탈까요?
　　　　지하철을 탈까요?
퍼디 : 지하철을 탑시다.

가 : 최지영 씨, 주말에 운동을 합시다.
　　＿＿＿＿＿＿？ ＿＿＿＿＿＿？
나 : 골프를 합시다.

가 : ＿＿＿＿＿＿＿＿＿＿＿.
　　＿＿＿＿＿？ ＿＿＿＿＿？
나 : ＿＿＿＿＿＿＿＿＿＿＿.

가 : ＿＿＿＿＿＿＿＿＿＿＿.
　　＿＿＿＿＿？ ＿＿＿＿＿？
나 : ＿＿＿＿＿＿＿＿＿＿＿.

가 : ＿＿＿＿＿＿＿＿＿＿＿.
　　＿＿＿＿＿？ ＿＿＿＿＿？
나 : ＿＿＿＿＿＿＿＿＿＿＿.

 방학을 하면 뭐 해요?　　　　　　　　（学校の）休みに入ったら何をしますか。

例文を参考にして練習してみましょう。

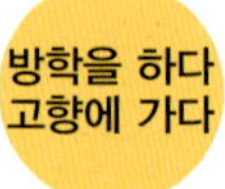
방학을 하다
고향에 가다

최지영 : 퍼디 씨, 방학을 하면 뭐 해요?
퍼디 : 저는 방학을 하면 고향에 가요.

수업이 끝나다
친구를 만나다

가 : 마스미 씨, 수업이 끝나면 뭐 해요?
나 : ________________________.

친구를 만나다
농구를 하다

가 : ________________________?
나 : ________________________.

집에 가다
텔레비전을
보다

가 : ________________________?
나 : ________________________.

인사동에 가다
전통차를
마시다

가 : ________________________?
나 : ________________________.

04 **방학을 하면 고향에 가요?**　　　　(学校の)休みに入ったら故郷へ帰りますか。

例文を参考にして練習してみましょう。

최지영 : 퍼디 씨, 방학을 하면
　　　　　고향에 가요?
퍼디 : 아니요, 저는 고향에 안 가요.
　　　　유럽에 가요.

가 : 수업이 끝나면 집에 가요?
나 : 아니요, ＿＿＿＿＿ ＿＿＿＿＿.
　　　＿＿＿＿＿＿＿＿＿＿＿.

가 : ＿＿＿＿＿＿＿＿＿＿＿?
나 : ＿＿＿＿＿＿＿＿＿＿＿.
　　　＿＿＿＿＿＿＿＿＿＿＿.

가 : ＿＿＿＿＿＿＿＿＿＿＿?
나 : ＿＿＿＿＿ ＿＿＿＿＿.
　　　＿＿＿＿＿＿＿＿＿＿＿.

가 : ＿＿＿＿＿＿＿＿＿＿＿?
나 : ＿＿＿＿＿＿＿＿＿＿＿.
　　　＿＿＿＿＿＿＿＿＿＿＿.

듣기 연습 聞き取り練習

CDで聞き取りの練習をしましょう。
2回流れますので、よく聞いて書いてください。

왕샤위 : 스테파니 씨, 방학을 하면 뭐 해요?

스테파니 : 저는 방학을 하면 친구와 같이 스키를 타고 사진을

찍어요. **정답 : (①, ⑦)** 스키를 타고 사진을 찍어요.

①　　②　　③

④　　⑤　　⑥

⑦　　⑧　　⑨

1. (　　，　　) ________고 ____________.

2. (　　，　　) ________고 ____________.

3. (　　，　　) ________고 ____________.

4. (　　，　　) ________고 ____________.

이준기와 이야기하기 イ・ジュンギと話そう

|의향 묻고 대답하기| 意向を尋ねて答える

CDを聞きながら、イ・ジュンギと話してみましょう。

이준기   마스미 씨, 이번 주말에 경복궁에 갈까요?

마스미   네, 좋아요.

이준기   버스를 탈까요? 지하철을 탈까요?

마스미   지하철을 탑시다.
          이준기 씨, 오늘 점심에
          뭘 먹을까요?

이준기   비빔밥을 먹읍시다.

마스미   네, 좋아요.

가   __________ 씨, 이번 주말에 __________________?

나   네, 좋아요.

가   __________________? __________________?

나   __________ 을/를 __________________.

      __________ 씨, 오늘 __________________?

가   __________ 을/를 __________________.

나   네, 좋아요.

조사 助詞

これまで勉強した助詞をいっしょに整理してみましょう。

助詞	使い方		意味
N은/는	名詞の最終音節にパッチムがあるとき	은	文の主語を表す。
	名詞の最終音節にパッチムがないとき	는	
N이/가	名詞の最終音節にパッチムがあるとき	이	疑問文や形容詞文の前で主に使われ、文の主語を表す。
	名詞の最終音節にパッチムがないとき	가	
N을/를	名詞の最終音節にパッチムがあるとき	을	動詞文の前で文の目的語を表す。
	名詞の最終音節にパッチムがないとき	를	
N와/과	名詞の最終音節にパッチムがあるとき	과	2つ以上の名詞の並列を表す。
	名詞の最終音節にパッチムがないとき	와	
N하고	名詞の最終音節にパッチムがあるとき	하고	2つ以上の名詞の並列を表し、「와/과」よりは話しことばである。
	名詞の最終音節にパッチムがないとき		
N도	名詞の最終音節にパッチムがあるとき	도	前の文の内容と同じであることを表す。
	名詞の最終音節にパッチムがないとき		

助詞	使い方		意味
N에	名詞の最終音節にパッチムがあるとき	에	1) 場所(目的地):「N에 가다/오다」の場合、「가다/오다」動詞の目的地である場所を表す。 2) 限定:「N에 얼마예요?(Nでいくらですか)」の場合は、数量名詞の限定を表す。 3) 時間:「1시에 만나요(1時に会いましょう)」の場合は時間を表す。
	名詞の最終音節にパッチムがないとき		
N부터	名詞の最終音節にパッチムがあるとき	부터	「N부터 N까지(NからNまで)」の場合は時間の起点を表す。
	名詞の最終音節にパッチムがないとき		
N까지	名詞の最終音節にパッチムがあるとき	까지	「N부터 N까지(NからNまで)」の場合は、時間の終点を表し、「N에서 N까지(NからNまで)」の場合は場所の終点を表す。
	名詞の最終音節にパッチムがないとき		
N에서	名詞の最終音節にパッチムがあるとき	에서	1) 「N에서 V-아/어요(NでVします)」の場合は、動作が行われる場所を表す。 2) 「N에서 N까지(NからNまで)」の場合は、場所の起点を表す。
	名詞の最終音節にパッチムがないとき		

韓国最大のオールドマーケット、南大門市場

南大門市場は、韓国最大の総合卸売り市場だ。
多種多様な衣料と食品、家電製品、
特産品などを扱う約5,400もの小規模な店舗が
テントの下にぎっしり詰まっている光景は、
まるで時間が遡って昔に戻ったかのようだ。
いつも混雑する南大門市場のストリートでは、
韓国の代表的な食べ物「トッポッキ」を必ず食べてみよう。
その味はきっとやみつきになり、絶対に忘れないだろう。

지금 와인을 마시고 있어요

今、ワインを飲んでいます

14

学習目標

状況
現在進行中のことと
習慣を話す
語彙
動詞11−進行、習慣
文法
V−(으)세요
V−고 있다
다 V

CD로 들어 보세요

이 준 기	안녕하세요? 다이애나 씨.
다이애나	안녕하세요? 이준기 씨 오랜만이에요.
이 준 기	다이애나 씨, 지금 뭘 마시고 있어요?
다이애나	저는 지금 와인을 마시고 있어요.
이 준 기	다이애나 씨는 요즘 뭐 하세요?
다이애나	저는 요즘 기타를 배우고 있어요.
이 준 기	다이애나 씨, 와인 다 마셨어요?
다이애나	아니요, 아직 마시고 있어요.

韓国でもワインを飲む人が
増え、最近はフランス、イタ
リアなどヨーロッパのワイン
だけでなく、チリなど南米の
ワインも多く輸入されてい
ます。また、文化センター
などでは、「ソムリエ養成」コ
ースが開設されるなど、ワイ
ンを本格的に楽しむ人々が
増えています。

오랜만이에요[오랜마니에요/orɛnmaɲiejo]   있어요[이써요/i(t)s'ʌjo]
와인을[와이늘/wainɯl]   마셨어요[마셔써요/maɕʌ(t)s'ʌjo]

어휘와 표현 語彙と表現

01 동사 11 진행, 습관 　　動詞 11 進行、習慣

드시다　召し上がる

주무시다　お眠りになる、お休みになる

(사진을) 찍다　(写真を)撮る

(전화를) 하다　(電話を)する

(담배를) 피우다　(煙草を)吸う

걷다　歩く　　　　　　　묻다　尋ねる

계시다/있다　いらっしゃる　　　기다리다　待つ

02 기타 　　その他

아직　まだ

오랜만이에요　久しぶりです

와인　ワイン

기타　ギター

드라마　ドラマ

거문고　コムンゴ(韓国国楽の弦楽器の一つ)

연음 법칙(連音法則)

발음규칙 発音規則

パッチムの後に母音で始まることばがくると、そのパッチムは次の音節の初声として発音されます。

$$잉어요 \Rightarrow [이써요]$$

오랜만이에요[오랜마니에요/orɛnmaɲiejo]　　와인을[와이늘/wainɯl]

마셨어요[마셔써요/maɕʌ(t)s'ʌjo]　　했어요[해써요/hɛ(t)s'ʌjo]

문법 文法

01 V-(으)세요
정중형

Vの丁寧形

어머니는 주말에 백화점에 **가세요**.

아버지는 지금 텔레비전을 **보세요**.

어머니는 아버지에게 운전을 **배우세요**.

아버지는 신문을 **읽으세요**.

어머니는 김치를 **만드세요**.

説明 |「V-(으)세요」形の作り方|

「V-(으)세요」は目上の人の動作を尊敬して表現するときに使います。動詞の基本形から「-다」をとり、語幹の最終音節にパッチムがないときは「-세요」をつけ、あるときは「-으세요」をつけます。また、語幹の最終音節のパッチムが「ㄹ」のときは「ㄹ」をとり、「-세요」をつけます。

パッチムがないとき：요리하다→요리하다→요리하+세요→요리하세요
パッチムがあるとき：읽다→읽다→읽+으세요→읽으세요
パッチムが「ㄹ」のとき：만들다→만들다→만드+세요→만드세요

このとき大部分の動詞は規則的に活用しますが、下のように一部の動詞では単語自体が変わるものもあります。

먹다, 마시다→드시다→드세요
자다→주무시다→주무세요
있다→계시다→계세요

02 V-고 있다

Vしている

커피를 마시다 ⇒ 커피를 **마시고 있다.**

빵을 먹다 ⇒ 빵을 **먹고 있다.**

태권도를 배우다 ⇒ 태권도를 **배우고 있다.**

피아노를 치다 ⇒ 피아노를 **치고 있다.**

説明 |**지금과 요즘**(今と最近)|
지금(今)は動詞の語幹について、その動詞が今進行中であることを表します(進行)。

例) ○○○ 씨, 지금 뭐 해요?(○○○さん、今、何をしていますか。)
　　저는 지금 커피를 마시고 있어요.(私は今、コーヒーを飲んでいます。)

요즘(最近)は動詞の語幹について、その動詞を最近やっていることを表します(習慣)。

例) ○○○ 씨, 요즘 뭐 해요?(○○○さん、最近、何をしていますか。)
　　저는 요즘 기타를 배우고 있어요.(私は最近、ギターを習っています。)

説明 |「Vしている」形を作る方法|
語幹の最後の音節にパッチムがあってもなくてもすべて動詞の基本形から「−다」
をとり、「−고 있다」をつけます。

03 다 V

全部 V

「다+V」での「다」の意味は、その動詞を「모두 하다(全部する)」ということです。

커피를 마시다 ⇒ 커피를 **다 마셨어요.**

책을 읽다 ⇒ 책을 **다 읽었어요.**

숙제를 하다 ⇒ 숙제를 **다 했어요.**

|**活用練習**|下の空欄に正しく書き入れましょう。

基本型	-(으)세요	基本型	V-고 있어요
영화를 보다	영화를 보세요	커피를 마시다	커피를 마시고 있어요
편지를 쓰다		음악을 듣다	
숙세하나	숙제하세요	요리하다	
책을 읽다	책을 읽으세요	와인을 마시다	
사진을 찍다		춤을 추다	
☆자다/주무시다	주무세요	기타를 배우다	
☆마시다/드시다	드세요	그림을 그리다	

회화 연습 会話練習

例文を参考にして練習してみましょう。

다이애나 : 저는 백화점에 가요.
　　　　　 어머니도 백화점에 가세요.

가 : 저는 점심을 먹어요.
　　 아버지도 ___________________.

가 : ___________________.
　　 ___________________.

가 : ___________________.
　　 ___________________.

가 : ___________________.
　　 ___________________.

02 **다이애나 씨, 영화를 보세요?**　　ダイアナさん、映画をご覧になりますか。

例文を参考にして練習してみましょう。

영화를 보다 X
책을 읽다 ○

이준기 : 다이애나 씨, 영화를 보세요?
다이애나 : 아니요, 저는 영화를 안 봐요.
　　　　　책을 읽어요.

오늘,
삼겹살을
먹다 ○

가 : 오늘 삼겹살을 드세요?
나 : 네, ＿＿＿＿＿＿＿을 먹어요.

저녁,
텔레비전을
보다 ○

가 : ＿＿＿＿＿＿＿＿＿＿?
나 : ＿＿＿＿＿＿＿＿＿＿.

저녁,
주말,
설악산에
가다 ○

가 : ＿＿＿＿＿＿＿＿＿＿?
나 : ＿＿＿＿＿＿＿＿＿＿.

등산을 하다 X
수영을 하다 ○

가 : ＿＿＿＿＿＿＿＿＿＿?
나 : ＿＿＿＿＿＿＿＿＿＿.
　　＿＿＿＿＿＿＿＿＿＿.

03 지금 커피를 마시고 있어요.

今、コーヒーを飲んでいます。

例文を参考にして練習してみましょう。

커피를
마시다

이준기 : 다이애나 씨, 지금 뭘 하고
　　　　있어요?
다이애나 : 저는 지금 커피를 마시고
　　　　　있어요.

신문을
읽다

가 : 지금 뭘 하고 있어요?
나 : 저는 지금 ＿＿＿＿＿＿＿고 있어요.

버스를
기다리다

가 : ＿＿＿＿＿＿＿＿＿＿＿＿＿＿?
나 : ＿＿＿＿＿＿＿＿＿＿＿＿＿＿.

골프를
치다

가 : ＿＿＿＿＿＿＿＿＿＿＿＿＿＿?
나 : ＿＿＿＿＿＿＿＿＿＿＿＿＿＿.

영화를
보다

가 : ＿＿＿＿＿＿＿＿＿＿＿＿＿＿?
나 : ＿＿＿＿＿＿＿＿＿＿＿＿＿＿.

04 **영화를 다 봤어요?**   映画を全部見ましたか。

例文を参考にして練習してみましょう。

영화를
보다 X

이준기 : 다이애나 씨, 영화를 다 봤어요?
다이애나 : 아니요, 아직 보고 있어요.

그림을
그리다 X

가 : 그림을 다 그렸어요?
나 : 아니요, 아직 ______________.

커피를
마시다 X

가 : ____________________?
나 : ____________________.

밥을
먹다 X

가 : ____________________?
나 : ____________________.

숙제하다 X

가 : ____________________?
나 : ____________________.

05 **요즘 기타를 배우고 있어요.** 　　　　最近、ギターを習っています。

例文を参考にして練習してみましょう。

이준기 : 다이애나 씨, 요즘 뭐 해요?
다이애나 : 저는 요즘 기타를
　　　　　배우고 있어요.

가 : 요즘 뭐 해요?
나 : 저는 요즘 ____________ 있어요.

가 : ____________________?
나 : ____________________.

가 : ____________________?
나 : ____________________.

가 : ____________________?
나 : ____________________.

듣기 연습 聞き取り練習

CDで聞き取りの練習をしましょう。
2回流れますので、よく聞いて書いてください。

마스미 씨는 리리 씨하고 같이 이야기하고 있어요.

1. 퍼디 씨는 ___________________________________.

2. 이준기 씨는 ___________________________ ________.

3. 왕샤위 씨는 ___________________________________.

4. 최지영 씨는 ___________________________________.

5. 다이애나 씨하고 벤슨 씨는 ___________________________.

6. 로베르토 씨는 ___________________________________.

7. 비비엔 씨는 ___________________________________.

CDで聞き取りの練習をしましょう。
2回流れますので、よく聞いて書いてください。

여기는 우리 하숙집이에요. 이 사람들은 모두 제 친구들이에요.

1. 리리 씨는 지금 ________________________________.

2. 마스미 씨는 지금 ________________________________.

3. 퍼디 씨는 지금 ________________________________.

4. 로이 씨는 지금 ________________________________.

5. 다이애나 씨는 지금 ________________________________.

6. 비비엔 씨는 지금 ________________________________.

7. 벤슨 씨는 지금 ________________________________.

이준기와 이야기하기 イ・ジュンギと話そう

|생활 습관 묻기| 生活習慣を尋ねる

CDを聞きながら、イ・ジュンギと話してみましょう。

이 준 기	다이애나 씨, 아침에 운동하세요?
다이애나	네, 저는 아침에 운동해요.
이 준 기	다이애나 씨, 담배를 피우세요?
다이애나	아니요, 저는 담배를 안 피워요.
이 준 기	그럼, 요즘 한국 드라마는 보세요?
다이애나	네, 요즘 한국 드라마를 보고 있어요.

「그럼(それじゃ)」は「그러면(そうしたら)」からできたことばです。韓国人は普通話すとき「그럼」と言います。

가 __________ 씨, ____________________?

나 네, _________________________________.

가 __________ 씨, ____________________?

나 아니요, _____________________________.

가 그럼, _______________________________?

나 네, _________________________________.

장소 카드 場所カード

도서관
図書館

학교
学校

교회
教会

식당
食堂

명동
明洞

인사동
仁寺洞

이태원
梨泰院

대학로
大学路

영화관
映画館

은행
銀行

병원
病院

커피숍
コーヒーショップ

롯데월드
ロッテワールド

백화점
百貨店

광화문
光化門

제주도
済州道

산
山

바다
海

온천
温泉

공원
公園

남대문시장
南大門市場

대학교
大学

세탁소
クリーニング屋

수퍼마켓
スーパーマーケット

신촌
新村

우체국
郵便局

일본
日本

민속촌
民俗村

지하철
地化鉄

출입국관리소
出入国管理局

편의점
コンビニ

호주
オーストラリア

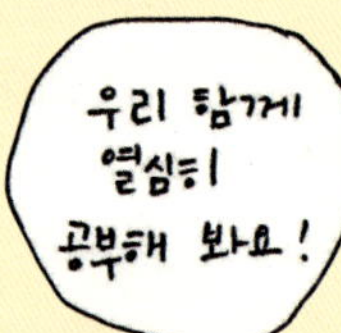

우리 닮게
열심히
공부해 봐요 !

경복궁까지 어떻게 가요?

景福宮までどうやって行きますか

15

최 지 영 스테파니 씨, 이번 주말에 시간이 있으세요?

스테파니 네, 있어요. 왜요?

최 지 영 그럼, 이번 주말에 같이 경복궁에 갈까요?

스테파니 네, 좋아요.

그런데 학교에서 경복궁까지 어떻게 가요?

최 지 영 한남역에서 중앙선을 타세요.

그리고 옥수역에서 3호선으로 갈아타세요.

그리고 경복궁역에서 내리세요.

스테파니 네, 알겠습니다.

韓国の地下鉄は路線が発達していてとても便利です。ソウル市内を連結する1〜8号線をはじめ、ソウル近郊をつなぐ国鉄中央線、盆唐線、仁川線などがあります。路線ごとに色が違い、各駅の出入り口に番号がつけられていますので、外国人の利用も比較的簡単です。

갈아타세요[가라타세요/karatʰasejo] 알겠습니다[알겐씀니다/a:lgets'ɯmɲida]

옥수역에서[옥쑤여게서/oks'ujʌgesʌ] 어떻게[어떠케/ʌt'ʌkʰe]

경복궁역에서[경:보꿍녀게서/kjə:ŋbok'uɲɲʌgesʌ]

어휘와 표현 語彙と表現

01 교통수단 交通手段

비행기　飛行機　　　　택시　タクシー
기차　汽車　　　　　　지하철　地下鉄
배　船　　　　　　　　고속버스　高速バス
자전거　自転車　　　　오토바이　オートバイ
시내버스　市内バス
(1, 2, 3, 4, 5, 6, 7, 8, 9)호선　(1, 2, 3, 4, 5, 6, 7, 8, 9)号線
KTX　韓国高速鉄道

02 장소 場所

서울역　ソウル駅　　　　복도　廊下
사당역　舎堂駅　　　　　잔디밭　芝、芝生
박물관　博物館　　　　　사무실　事務室

03 교통 표지 交通標示

신호등　信号機　　　　횡단보도　横断歩道
버스 정류장　バスの停留場

04 동사 12 교통수단

動詞 12 交通手段

타다 乗る

갈아타다 乗り換える

내리다 降りる

들어가다 入る

들어오다 入ってくる

05 기타

その他

떠들다 騒ぐ

세탁하다 洗濯する

어떻게 가요? どうやって行くのですか

늦다 遅い、遅れる

뛰다 走る、跳ぶ

격음화(激音化)

발 음 규 칙 発 音 規 則

/ㄱ, ㄷ, ㅂ, ㅈ/は/ㅎ/の前や後で/ㅎ/と結合し、激音/ㅋ, ㅌ, ㅍ, ㅊ/で発音されます。

어떻게 ⇒ [어떠케]

ㅎ + ㄱ ⇒ ㅋ

하얗고[하ː야코/haːjakʰo]   파랗게[파ː라케/pʰaːrakʰe]

문법 文法

01 V–(으)세요   Vなさってください

최지영 씨, **일어나세요.**

스테파니 씨, 두 번 **읽으세요.**

이준기 씨, 케이크를 **만드세요.**

*먹다, 마시다⇒드시다   *자다⇒주무시다

説明 |丁寧な命令|
14課で習った「–(으)세요」と同様にして、「丁寧な命令」を表すこともできます。
パッチムがないとき：가다→가다＋세요→가세요
パッチムがあるとき：읽다→읽다＋으세요→읽으세요
パッチムが「ㄹ」のとき：만들다→만들다＋세요→만드세요

|活用練習|下の空欄に正しく書き入れましょう。

基本型	–(으)세요
가다	가세요
오다	
영화를 보다	
타다	타세요

02 V-지 마세요

VしないでくださいＬ

교실에서 담배를 **피우지 마세요**.

이 의자에 **앉지 마세요**.

학생에게 술을 **팔지 마세요**.

説明 |丁寧な禁止|
動詞の語幹の最終音節にパッチムがあってもなくても、「-지 마세요」をつけると
「丁寧な禁止」になります。

パッチムがないとき：보다→보다+지 마세요→보지 마세요
パッチムがあるとき：읽다→읽다+지 마세요→읽지 마세요

|活用練習| 下の空欄に正しく書き入れましょう。

基本型	-지 마세요
가다	가지 마세요
담배를 피우다	
김치를 먹다	
기다리다	기다리지 마세요
☆자다/주무시다	

03 N(으)로 갈아타다

Nで乗り換える

名詞の最後にパッチムがないときや「ㄹ」の場合には語幹に「로」をつけ、名詞の最後にパッチムがあるときは語幹に「으로」をつけます。(例：버스로, 지하철로)

3호선으로 갈아타세요.

402번 버스로 갈아타세요.

5호선 지하철로 갈아타세요.

시청에서 1호선으로 갈아타세요.

|活用練習| 下の空欄に正しく書き入れましょう。

基本型	N(으)로 갈아타다
지하철 3호선	지하철 3호선으로 갈아타다
6000번 버스	
시청역에서 버스로	
신촌에서 버스로	
강남역에서 지하철로	

회화 연습 会話練習

01 **01** **경복궁에 어떻게 가요?**　　　　　　　　　景福宮にどうやって行くのですか。

例文を参考にして練習してみましょう。

경복궁
학교 앞
버스 정류장
402번 버스
타다

가 : 실례지만, 경복궁에 어떻게 가요?
나 : 학교 앞 버스 정류장에서 402번
　　 버스를 타세요.
가 : 네, 알겠습니다. 감사합니다.

신촌
시청역
2호선
갈아타다

가 : 실례지만, 신촌에 어떻게 가요?
나 : ___________________________.
가 : 네, 알겠습니다. 감사합니다.

인사동
3호선 안국역
내리다

가 : _______________________?
나 : _______________________.
가 : _______________________.

인천공항
한국대학교 앞
공항버스
타다

가 : _______________________?
나 : _______________________.
가 : _______________________.

이태원
3호선 약수역
6호선
갈아타다

가 : _______________________?
나 : _______________________.
가 : _______________________.

02 시청역에서 1호선을 타세요.　　　　　　市庁駅で1号線にお乗りください。

例文を参考にして練習してみましょう。

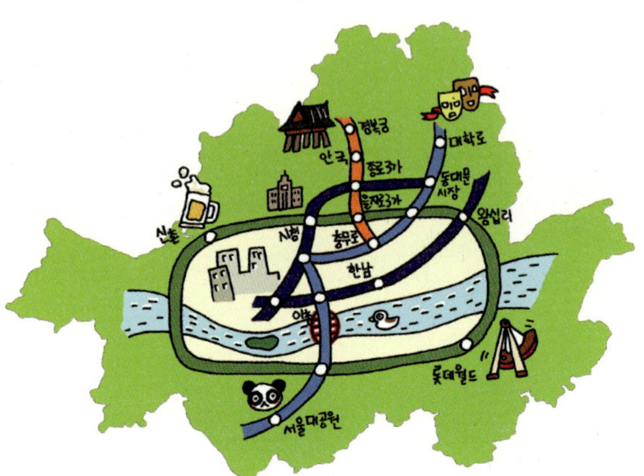

스테파니 : 실례합니다. 시청역에서
　　　　　경복궁까지 어떻게 가요?

최지영 : 시청역에서 1호선을 타세요.
　　　　그리고 종로3가역에서
　　　　3호선으로 갈아타세요.
　　　　그리고 경복궁역에서 내리세요.

스테파니 : 고맙습니다.

가 : _______________________?
나 : _______________________.
　　_______________________.
가 : _______________________.

가 : _______________________?
나 : _______________________.
　　_______________________.
가 : _______________________.

03 교실에서 담배를 피우지 마세요.　　　教室でタバコを吸わないでください。

例文を参考にして練習してみましょう。

교실
담배를 피우다

가 : 어! 로이 씨, 교실에서 담배를
　　 피우지 마세요.
나 : 아이고, 죄송합니다.

교실
영어를 하다

가 : 어! ____________________.
나 : 아이고, 죄송합니다.

영화관
전화를 하다

가 : ____________________.
나 : ____________________.

박물관
사진을 찍다

가 : ____________________.
나 : ____________________.

공원
잔디밭에
들어가다

가 : ____________________.
나 : ____________________.

듣기 연습 聞き取り練習

01 금지 표현하기

禁止の表現をする

CDで聞き取りの練習をしましょう。
2回流れますので、よく聞いて書いてください。

최지영 : 앗! 로이 씨, 교실에서 담배를 피우지 마세요.

로이 : 아이고, 죄송합니다.

정답 : (②) 교실에서 담배를 피우지 마세요.

① ② ③ ④

⑤ ⑥ ⑦ ⑧

1. (   ) ____________________________지 마세요.

2. (   ) ____________________________지 마세요.

3. (   ) ____________________________지 마세요.

4. (   ) ____________________________지 마세요.

5. (   ) ____________________________지 마세요.

6. (   ) ____________________________지 마세요.

이준기와 이야기하기 イ・ジュンギと話そう

|스테파니 씨 하숙집의 규칙| ステファニーさんの下宿の規則
CDを聞いて、皆さんの家でも規則を作ってみましょう。

1. 아침 7시에 일어나세요.

2. 아침에 일어나면 청소하세요.

3. 밤에는 큰 소리로 떠들지 마세요.

4. 방에서 술을 마시지 마세요.

5. 담배는 밖에서 피우세요.

6. 식사 시간에 늦지 마세요.

7. 밤에 세탁하지 마세요.

8. 밤 12시까지 들어오세요.

|우리 집의 규칙| わたしの家の規則

1. ______________________________________.

2. ______________________________________.

3. ______________________________________.

4. ______________________________________.

5. ______________________________________.

6. ______________________________________.

7. ______________________________________.

8. ______________________________________.

금지와 명령의 표현 禁止と命令の表現

실내에서 담배를
피우지 마세요

室内ではタバコを吸わないでください

잔디밭에 들어가지 마세요

芝生に入らないでください

작품에 손대지 마세요

作品に手を触れないでください

이곳에 앉지 마세요

ここに座らないでください

이곳에 주차하지 마세요

ここに駐車しないでください

본체 위에 물건을
올려놓지 마세요

本体の上に物を置かないでください

휴대폰 전원을 꺼 주세요

携帯電話の電源をお切りください

휴지는 휴지통에 버려 주세요

ごみはゴミ箱に捨ててください

한 줄로 서 주세요

一列に並んでください

노약자에게 자리를
양보해 주세요

お年寄りや体の不自由な人に席を譲ってください

HELLO~
KOREAN

본｜문｜번｜역
듣｜기｜지｜문
이｜준｜기｜와｜이｜야｜기｜하｜기｜번｜역
문｜법｜회｜화｜연｜습｜답｜안
색｜인

付録
本文の日本語訳
「聞き取り練習」のスクリプト
「イ・ジュンギと話そう」の日本語訳
「文法・会話練習」の解答
索引

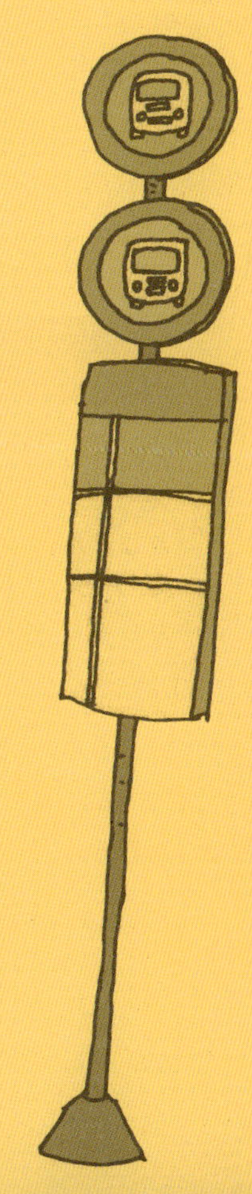

본문 번역 本文の日本語訳

1課 お元気ですか

チェ・ジヨン：お元気ですか。
ロ　イ：お元気ですか。
チェ・ジヨン：私の名前はチェ・ジヨンです。
ロ　イ：私の名前はロイです。
チェ・ジヨン：私は韓国人です。
　　　　　　ロイさんはどこの国の人ですか。
ロ　イ：私は香港人です。
チェ・ジヨン：会えて嬉しいです。
ロ　イ：会えて嬉しいです。

2課 これは何ですか

リ リ ー：これは何ですか。
イ・ジュンギ：それは交通カードです。
リ リ ー：それはトッポッキですか。
イ・ジュンギ：はい、これはトッポッキです。
リ リ ー：あれはキムバプですか。
イ・ジュンギ：いいえ、キムバプではありません。
　　　　　　あれはホットックです。

3課 このラーメンは1個いくらですか

おじさん：いらっしゃいませ。
ステファニー：このラーメンは1個いくらですか。
おじさん：500ウォンです。
ステファニー：ラーメン2個とビール3本ください。
おじさん：全部で5500ウォンです。
　　　　　ありがとうございました。さようなら。
ステファニー：さようなら。

4課 今日は何日ですか

イ・ジュンギ：ビビアンさん、今日は何日ですか。
ビビアン：今日は9月28日です。
イ・ジュンギ：今日は何曜日ですか。
ビビアン：今日は木曜日です。
イ・ジュンギ：ビビアンさんの誕生日はいつですか。
ビビアン：私の誕生日は10月9日です。

5課 今何時ですか

ベンソン：失礼ですが、今何時ですか。
チェ・ジヨン：今3時半です。
ベンソン：韓国語の授業は何時から何時までですか。
チェ・ジヨン：韓国語の授業は9時から1時までです。
ベンソン：ありがとうございます。

6課 わたしの家はシンチョンにあります

チェ・ジヨン：ロイさんの家はどこですか。
ロ　イ：わたしの家はシンチョンにあります。
チェ・ジヨン：ロイさんの家は何階にあります。
ロ　イ：わたしの家は4階です。
チェ・ジヨン：家に駐車場はありますか。
ロ　イ：はい、駐車場はあります。
チェ・ジヨン：エレベーターはありますか。
ロ　イ：いいえ、エレベーターはありません。

7課 わたしは今日映画を見ます

ダイアナ：イ・ジュンギさん、今日は何をしますか。
イ・ジュンギ：わたしは今日、映画を見ます。
　　　　　　ダイアナさんは今日、何をしますか。

ダイアナ：わたしは今日、韓国語を勉強します。
イ・ジュンギ：明日も韓国語を勉強しますか。
ダイアナ：いいえ、週末は韓国語を勉強しません。
　　　　　友達に会います。

8課 週末明洞に行きます

チェ・ジヨン：ポーティさん、週末はどこに行きますか。
ポ　ティ：わたしは週末、明洞へ行きます。
チェ・ジヨン：明洞で何をしますか。
ポ　ティ：明洞で映画を見ます。
　　　　　チェ・ジヨンさんは週末何をしますか。
チェ・ジヨン：わたしは図書館に行きます。
ポ　ティ：図書館で何をしますか。
チェ・ジヨン：図書館で本を読んでインターネットをします。

9課 今日は天気どうですか

ワン・シャイ：ステファニーさん、今日の天気はどうですか。
ステファニー：今日は天気がいいです。
ワン・シャイ：最近、オーストラリアは天気はどうですか。
スアファニ：オーストラリアは最近、暑くて雨が降ります。
　　　　　中国は最近、天気はどうですか。
ワン・シャイ：中国は最近、天気はいいですが、寒いです。

10課 今日、何をしますか

イ・ジュンギ：リリーさん、どこに行くのですか。
リリー：わたしは今、図書館に行きます。
　　　　　イ・ジュンギさんも図書館に行きますか。
イ・ジュンギ：いいえ、わたしは図書館には行きません。

明洞へ行きます。
リリー：ベンソンさんもいっしょに明洞に行きますか。
イ・ジュンギ：はい、わたしも明洞に行きます。
リリー：明洞で何をするのですか。
イ・ジュンギ：わたしたちは明洞でいっしょにショッピングをして、ご飯を食べます。

11課 デパートに行ってショッピングをします

チェ・ジヨン：ベンソンさん、週末はいつも何をしますか。
ベンソン：わたしは週末はいつも朝起きてコーヒーを飲みます。
　　　　　それからデパートに行ってショッピングします。
　　　　　午後は友達に会って映画を見ます。
　　　　　夕方は料理をして友達といっしょに食べます。

12課 いつ映画を見ましたか

イ・ジュンギ：ますみさん、昨日は何をしましたか。
ますみ：明洞でコーヒーを飲んで映画を見ました。
イ・ジュンギ：どんな映画を見ましたか。
　　　　　『王の男』を見ました。
　　　　　イ・ジュンギさんは昨日、何をしましたか。
イ・ジュンギ：友達といっしょに東大門市場に行きました。
ますみ：東大門市場で何をしましたか。
イ・ジュンギ：東大門市場で服を買ってビビンククスを食べました。

13課 今日、一杯どうですか

チェ・ジヨン：ポーティさん、今日、時間があったら一杯どうですか。

ポーティ：いいですよ。どこに行きましょうか。
チェ・ジヨン：韓国大学校の前のビアホールに行きまし
　　　　　　ょう。
ポーティ：ええ、いいですね。では、どこで会いまし
　　　　　ょうか。
チェ・ジヨン：今日、夕方6時に韓国大学校の前で会いま
　　　　　　しょう。
ポーティ：はい、オッケーです。

14課 今、ワインを飲んでいます

イ・ジュンギ：こんにちは。ダイアナさん。
ダイアナ：こんにちは。イ・ジュンギさん、久しぶり
　　　　　です。
イ・ジュンギ：ダイアナさん、今、何を飲んでいるのですか。
ダイアナ：わたしは今、ワインを飲んでいます。
イ・ジュンギ：ダイアナさんは最近、何をなさっていますか。
ダイアナ：はい、わたしは最近、ギターを習っています。
イ・ジュンギ：ダイアナさん、ワインを全部飲みましたか。
ダイアナ：いいえ、まだ飲んでいます。

15課 チェ・ジヨンさん、景福宮までどうや
って行くのですか

チェ・ジヨン：ステファニーさん、今週末は時間があり
　　　　　　ますか。
ステファニー：はい、あります。なぜですか。
チェ・ジヨン：では、今週末いっしょに景福宮に行きま
　　　　　　しょうか。
ステファニー：はい、いいですよ。
　　　　　　ところで、学校から景福宮までどうやって
　　　　　　行くのですか。
チェ・ジヨン：漢南駅から中央線に乗ってください。
　　　　　　それから玉水駅で3号線に乗り換えてくだ
　　　　　　さい。
　　　　　　そして景福宮で降りてください。

듣기 연습 지문 「聞き取り練習」のスクリプト

4과

01 날짜 받아쓰기 1

1. 가 : 오늘은 며칠이에요?
   나 : 오늘은 3월 10일이에요.
2. 가 : 오늘은 며칠이에요?
   나 : 오늘은 6월 6일이에요.
3. 가 : 오늘은 며칠이에요.
   나 : 오늘은 11월 30일이에요.

02 날짜 받아쓰기 2

1. 가 : 로이 씨, 생일이 언제예요?
   나 : 제 생일은 10월 10일이에요.
2. 가 : 비비엔 씨, 시험이 언제예요?
   나 : 시험은 9월 18일이에요.
3. 가 : 인터뷰가 언제예요?
   나 : 인터뷰는 6월 5일이에요.

03 요일 받아쓰기

1. 가 : 내일은 무슨 요일이에요?
   나 : 내일은 화요일이에요.
2. 가 : 내일은 무슨 요일이에요?
   나 : 내일은 목요일이에요.
3. 가 : 내일은 무슨 요일이에요?
   나 : 내일은 금요일이에요.

5과

01 시간 묻고 답하기

1. 가 : 실례지만, 지금 몇 시예요?
   나 : 지금 두 시 반이에요.(2:30)
   가 : 감사합니다.
2. 가 : 실례지만, 지금 몇 시예요?
   나 : 지금 다섯 시 이십오 분이에요.(5:25)
   가 : 감사합니다.
3. 가 : 실례지만, 지금 몇 시예요?
   나 : 지금 여덟 시 오 분 전이에요.(7:55)
   가 : 감사합니다.
4. 가 : 실례지만, 지금 몇 시예요?
   나 : 지금 열 시 사십 분이에요.(10:40)
   가 : 감사합니다.

02 영업 시간 묻고 답하기

1. 가 : 실례지만, 은행은 몇 시부터 몇 시까지예요?
   나 : 은행 시간은 9시부터 4시까지예요.
   가 : 고맙습니다.
2. 가 : 실례지만, 백화점은 몇 시부터 몇 시까지예요?
   나 : 백화점은 10시 반부터 7시 30분까지예요.
   가 : 고맙습니다.
3. 가 : 실례지만, 도서관은 몇 시부터 몇 시까지예요?
   나 : 도서관은 새벽 5시부터 밤 12시까지예요.
   가 : 고맙습니다.
4. 가 : 실례지만, 편의점은 몇 시부터 몇 시까지예요?
   나 : 편의점은 24시간이에요.
   가 : 고맙습니다.

6과

01 장소 찾기

1. 가 : 실례합니다, 은행이 어디에 있어요?
   나 : 은행은 병원하고 백화점 사이에 있어요.
   가 : 고맙습니다.
2. 가 : 실례합니다, 과일 가게가 어디에 있어요?
   나 : 과일 가게는 공원 앞에 있어요.
   가 : 고맙습니다.
3. 가 : 실례합니다, 식당이 어디에 있어요?
   나 : 식당은 슈퍼마켓 옆에 있어요.
   가 : 고맙습니다.
4. 가 : 실례합니다, 슈퍼마켓이 어디에 있어요?

나 : 슈퍼마켓은 과일 가게하고 식당 사이에 있어요.
가 : 고맙습니다.
5. 가 : 실례합니다. 병원이 어디에 있어요?
   나 : 병원은 은행 옆에 있어요.
   가 : 고맙습니다.
6. 가 : 실례합니다, 주유소가 어디에 있어요?
   나 : 주유소는 영화관 옆에 있어요.
   가 : 고맙습니다.

8과

01 주말 활동 묻기

1. (③, ⑥)
가 : 로이 씨, 주말에 무엇을 합니까?
나 : 저는 주말에 쇼핑을 하고 영화를 봅니다.
2. (①, ⑧)
가 : 퍼디 씨, 주말에 무엇을 합니까?
나 : 저는 주말에 요리하고 청소합니다.
3. (⑤, ⑦)
가 : 다이애나 씨, 주말에 무엇을 합니까?
나 : 저는 주말에 인터넷을 하고 노래를 합니다.
4. (④, ⑥)
가 : 로베르토 씨, 주말에 무엇을 합니까?
나 : 저는 주말에 커피를 마시고 영화를 봅니다.

10과

01 주말 활동 묻기

1. (⑧, ⑤)
가 : 비비엔 씨, 주말에 뭐 해요?
나 : 종로에서 영화를 보고 맥주를 마셔요.
2. (②, ③)
가 : 스테파니 씨, 주말에 뭐 해요?
나 : 롯데월드에서 바이킹을 타고 롤러코스터를 타요.

3. (④, ⑨)
가 : 퍼디 씨, 주말에 뭐 해요?
나 : 대학로에서 연극을 보고 밥을 먹어요.
4. (⑦, ⑥)
가 : 다이애나 씨, 주말에 뭐 해요?
나 : 집에서 그림을 그리고 요리를 해요.

11과

01 하루 일과 묻기

1. (①, ⑧)
가 : 최지영 씨, 아침에 일어나서 뭐 해요?
나 : 저는 아침에 일어나서 운동하고 신문을 읽어요.
2. (⑤, ⑥)
가 : 리리 씨, 저녁에 집에 가서 뭐 해요?
나 : 저는 집에 가서 요리하고 커피를 마셔요.
3. (③, ④)
가 : 로베르토 씨, 학교에 가서 뭐 해요?
나 : 저는 학교에 가서 그림을 그리고 인터넷을 해요.
4. (②, ⑥)
가 : 마스미 씨, 보통 친구를 만나서 뭐 해요?
나 : 저는 친구를 만나서 쇼핑하고 커피를 마셔요.

12과

01 지난 일 묻기

1. (⑥, ⑨)
가 : 벤슨 씨, 지난 주말에 무엇을 했어요?
나 : 저는 지난 주말에 친구하고 같이 맥주를 마시고
    노래했어요.
2. (②, ⑦)
가 : 다이애나 씨, 지난 주말에 무엇을 했어요?
나 : 저는 지난 주말에 등산하고 친구 집에 갔어요.
3. (①, ⑥)

가 : 로이 씨, 지난 주말에 무엇을 했어요?
나 : 저는 지난 주말에 골프를 치고 맥주를 마셨어요.
4. (⑧, ⑤)
가 : 퍼디 씨, 지난 주말에 무엇을 했어요?
나 : 저는 지난 주말에 태권도를 하고 잤어요.

13과

01 방학 계획 묻기

1. (⑤, ⑧)
가 : 리리 씨, 방학을 하면 뭐 해요?
나 : 저는 방학을 하면 태권도를 하고 피아노를 쳐요.
2. (②, ③)
가 : 퍼디 씨, 방학을 하면 뭐 해요?
나 : 저는 방학을 하면 등산을 하고 골프를 쳐요.
3. (④, ⑨)
가 : 로베르토 씨, 방학을 하면 뭐 해요?
나 : 저는 방학을 하면 친구를 만나고 여행을 해요.
4. (⑥, ⑦)
가 : 마스미 씨, 방학을 하면 뭐 해요?
나 : 저는 방학을 하면 유럽에 가고 사진을 찍어요.

14과

01 친구들의 행동에 대해 말하기 1

1. 퍼디 씨는 맥주를 마시고 있어요.
2. 이준기 씨는 스테파니 씨의 사진을 찍고 있어요.
3. 왕샤위 씨는 책을 읽고 있어요.
4. 최지영 씨는 잠을 자고 있어요.
5. 다이애나 씨하고 벤슨 씨는 아이스크림을
   먹고 있어요.
6. 로베르토 씨는 콜라를 마시고 있어요.
7. 비비엔 씨는 기타를 치고 있어요.

02 친구들의 행동에 대해 말하기 2

1. 리리 씨는 지금 사과를 먹고 있어요.
2. 마스미 씨는 지금 일본 카레를 만들고 있어요.
3. 퍼디 씨는 지금 텔레비전을 보고 있어요.
4. 로이 씨는 지금 음악을 듣고 있어요.
5. 다이애나 씨는 지금 책을 읽고 있어요.
6. 비비엔 씨는 지금 커피를 마시고 있어요.
7. 벤슨 씨는 지금 잠을 자고 있어요.

15과

01 금지 표현하기

1. (③)
가 : 어! 스테파니 씨, 여기서 전화를 하지 마세요.
나 : 아이고, 죄송합니다.
2. (⑦)
가 : 어! 리리 씨, 밤에 피아노를 치지 마세요.
나 : 아이고, 죄송합니다.
3. (⑤)
가 : 앗! 퍼디 씨, 그림을 만지지 마세요.
나 : 아이고, 죄송합니다.
4. (⑧)
가 : 앗! 왕샤위 씨, 수업 시간에 자지 마세요.
나 : 아이고, 죄송합니다.
5. (④)
가 : 앗! 로베르토 씨, 맥주를 마시지 마세요.
나 : 아이고, 죄송합니다.
6. (⑥)
가 : 앗! 벤슨 씨, 복도에서 뛰지 마세요.
나 : 아이고, 죄송합니다.

이준기와 이야기하기 번역 「イ・ジュンギと話そう」の日本語訳

1課 自己紹介をする

イ・ジュンギ
こんにちは。
私の名前は、イ・ジュンギです。
私は韓国人です。
私は映画俳優です。
私の趣味はテコンドーです。
会えて嬉しいです。

ビビアン
こんにちは。
私の名前は、ビビアンです。
私はドイツ人です。
私は学生です。
私の趣味は映画鑑賞です。
会えて嬉しいです。

2課 物の名前を尋ねる

イ・ジュンギ：これは時計ですか。
ステファニー：はい。それは時計です。
イ・ジュンギ：それは何ですか。
ステファニー：これはコンピューターです。
イ・ジュンギ：あれは電話カードですか。
ステファニー：いいえ。
　　　　　　　あれは電話カードじゃありません。
　　　　　　　交通カードです。

3課 買い物

おばさん：いらっしゃいませ。
　　　　　何をさしあげましょうか。
イ・ジュンギ：おばさん、
　　　　　　　このりんごは1個いくらですか。
おばさん：そのりんごは1個500ウォンですよ。
イ・ジュンギ：そのバナナは1房いくらですか。
おばさん：このバナナは1房2,000ウォンですよ。
イ・ジュンギ：りんご2個とバナナ2房ください。
おばさん：さあどうぞ。全部で5,000ウォンです。
イ・ジュンギ：さようなら。
おばさん：ありがとうございました。さようなら。

4課 日にち、曜日、誕生日を尋ねる

イ・ジュンギ：ビビアンさん、今日は何日ですか。
ビビアン：今日は6月20日です。
イ・ジュンギ：今日は月曜日ですか。
ビビアン：はい。今日は月曜日です。
イ・ジュンギ：では、ビビアンさんの誕生日はいつですか。
ビビアン：私の誕生日は10月9日ですよ。
イ・ジュンギ：あれ？ 10月9日はハングルの日ですよ。
ビビアン：あ～、そうですか。

5課 時間、営業時間を尋ねて答える

リ　　リ：失礼ですが、今何時ですか。
イ・ジュンギ：今2時45分です。
リ　　リ：銀行は何時から何時までですか。
イ・ジュンギ：銀行は9時半から4時までですよ。
リ　　リ：東大門市場は何時から何時までですか。
イ・ジュンギ：東大門市場は午後5時から午前5時までです。
リ　　リ：ありがとうございました。

6課 世界の有名なところを尋ねる

イ・ジュンギ：ステファニーさん、オペラハウスはどこ
　　　　　　　にありますか。
ステファニー：オペラハウスはシドニーにあります。

イ・ジュンギ：ピラミッドはどこにありますか。
ステファニー：ピラミッドはエジプトにあります。
イ・ジュンギ：エッフェル塔はドイツにありますか。
ステファニー：いいえ、エッフェル塔はフランスにあり
　　　　　　　ます。
イ・ジュンギ：ありがとうございました。

7課 日程を尋ねて答える
イ・ジュンギの一週間のスケジュール

イ・ジュンギ：ダイアナさん、今何をしますか。
ダイアナ：私は今、本を読みます。
イ・ジュンギ：ダイアナさん、明日は何をしますか。
ダイアナ：私は明日、映画を見ます。
イ・ジュンギ：では、週末は何をしますか。
ダイアナ：週末は友達に会います。

月曜日　中国語を勉強する。
火曜日　中国語を勉強する。
水曜日　映画の撮影をする。
木曜日　本を読む。
金曜日　中国語を勉強する。
土曜日　友達に会う。

私は月曜日と火曜日に中国語を勉強します。
金曜日にも中国語を勉強します。
水曜日には中国語を勉強しません。
映画の撮影をします。
木曜日には本を読みます。
それから週末には友達に会います。

8課 週末の計画を尋ねる

イ・ジュンギ：チェ・ジヨンさん、週末はどこに行きま
　　　　　　　すか。
チェ・ジヨン：私は週末、光化門に行きます。
イ・ジュンギ：光化門で何をするのですか。

チェ・ジヨン：光化門で展示会を見てコーヒーを飲みます。
　　　　　　　イ・ジュンギさんは週末どこに行きますか。
イ・ジュンギ：私は週末、新村に行きます。
チェ・ジヨン：新村で何をするのですか。
イ・ジュンギ：新村でかばんを買ってご飯を食べます。

9課 天気と韓国の印象を尋ねる

イ・ジュンギ：ワン・シャイさんはどこの国の人ですか。
ワン・シャイ：私は中国人です。
イ・ジュンギ：中国は最近、天気はどうですか。
ワン・シャイ：中国は最近、涼しいです。
イ・ジュンギ：韓国の天気はどうですか。
ワン・シャイ：韓国は暖かくていいです。
イ・ジュンギ：韓国語の勉強と韓国の先生はどうですか。
ワン・シャイ：韓国語の勉強は難しいけれどおもしろ
　　　　　　　いし、韓国語の先生はおもしろくて親
　　　　　　　切です。

10課 友達の今日のスケジュールを尋ねる

イ・ジュンギ：リリさん、今日、何をしますか。
リ　　リ：私は今日、韓国語を勉強します。
イ・ジュンギ：どこで韓国語を勉強するのですか。
リ　　リ：図書館で韓国語を勉強します。
　　　　　　　イ・ジュンギさんは今日、何をしますか。
イ・ジュンギ：私は今日、汝矣島に行きます。
リ　　リ：汝矣島で何をするのですか。
イ・ジュンギ：汝矣島の放送局で撮影があるんですよ。

11課 友達の生活を尋ねる

ベンソン：イ・ジュンギさん、いつも朝起きたら何を
　　　　　しますか。

イ・ジュンギ：私は朝起きたら公園で運動します。
　　　　　　　それから家に戻ってシャワーを浴びて、
　　　　　　　料理してご飯を食べます。
ベンソン：週末はいつも何をしますか。
イ・ジュンギ：タイの友達に会ってタイ語を勉強しま
　　　　　　　す。それから家に戻って1週間の予定を整
　　　　　　　理して寝ます。ベンソンさんは週末、い
　　　　　　　つも何をしますか。
ベンソン：私は週末はいつも映画を見て、友達に会
　　　　　　います。

12課　先週末の活動の話をする

イ・ジュンギ：ビビアンさん、週末何をしましたか。
ビビアン：私は週末、友達といっしょにショッピン
　　　　　　グしました。
イ・ジュンギ：どこでショッピングしたのですか。
ビビアン：明洞でショッピングしました。
　　　　　　イ・ジュンギさんは週末、何をしましたか。
イ・ジュンギ：私は週末、運動しました。
ビビアン：どんな運動をしたのですか。
イ・ジュンギ：テコンドーをしました。

2010年 5月 5日 晴れ
昨日はとてもいい天気でした。
先生と友達が家に来ました。
ビビアンさんは彼といっしょに来ました。
私たちはいっしょにスペイン料理と中国料理を食べて
日本のお茶を飲みました。
ビビアンさんとロベルトさんは歌を歌いました。
ロイさんも香港の歌を歌いました。
とてもよかったです。

13課　意向を尋ねて答える

イ・ジュンギ：ますみさん、今週末、景福宮に行きましょ
　　　　　　　うか。
ま　す　み：ええ、いいですよ。
イ・ジュンギ：バスに乗りましょうか。地下鉄に乗りまし
　　　　　　　ょうか。
ま　す　み：地下鉄に乗りましょう。イ・ジュンギさん、
　　　　　　　今日のお昼は何を食べましょうか。
イ・ジュンギ：ビビンパを食べましょう。
ま　す　み：ええ、いいですよ。

14課　生活習慣を尋ねる

イ・ジュンギ：ダイアナさん、朝、運動なさいますか。
ダイアナ：はい。私は朝、運動します。
イ・ジュンギ：ダイアナさん、タバコを吸われますか。
ダイアナ：いいえ。私はタバコを吸いません。
イ・ジュンギ：では、最近、韓国のドラマはご覧になっ
　　　　　　　ていますか。
ダイアナ：はい。最近、韓国ドラマを見ています。

15課　ステファニーさんの下宿の規則

1. 朝7時に起きてください。
2. 朝起きたら掃除をしてください。
3. 夜には大きな声で騒がないでください。
4. 部屋でお酒を飲まないでください。
5. タバコは外で吸ってください。
6. 食事の時間には遅れないでください。
7. 夜は洗濯をしないでください。
8. 夜12時までに帰ってきてください。

문법·회화 연습 답안 文法と会話練習の解答

1과 회화 연습

P. 54

나 : 로베르토
가 : 이름이 무엇입니까?
나 : 제 이름은 리리입니다.
가 : 이름이 무엇입니까?
나 : 제 이름은 퍼디입니다.
가 : 이름이 무엇입니까?
나 : 제 이름은 마스미입니다.

P. 55

나 : 홍콩
가 : 어느 나라 사람입니까?
나 : 저는 중국 사람입니다.
가 : 어느 나라 사람입니까?
나 : 저는 일본 사람입니다.
가 : 어느 나라 사람입니까?
나 : 저는 필리핀 사람입니다.

P. 56

나 : 의사
가 : 왕샤위 씨 직업이 무엇입니까?
나 : 제 직업은 경찰관입니다.
가 : 마스미 씨 직업이 무엇입니까?
나 : 제 직업은 요리사입니다.
가 : 퍼디 씨 직업이 무엇입니까?
나 : 제 직업은 학생입니다.

P. 57

나 : 요리
가 : 취미가 무엇입니까?
나 : 제 취미는 축구입니다.
가 : 취미가 무엇입니까?
나 : 제 취미는 독서입니다.
가 : 취미가 무엇입니까?
나 : 제 취미는 태권도입니다.

2과 문법·회화 연습

P. 67

시계입니까?/시계가 아닙니다
떡볶이가 아닙니다
김밥입니까?/김밥이 아닙니다
휴대폰입니다/휴대폰이 아닙니다

P. 68

나 : 지갑
가 : 이것은 무엇입니까?
나 : 그것은 안경입니다.
가 : 이것은 무엇입니까?
나 : 그것은 구두입니다.
가 : 이것은 무엇입니까?
나 : 그것은 전화카드입니다.

P. 69

나 : 비빔밥
가 : 이것은 치약입니까?
나 : 네, 그것은 치약입니다.
가 : 이것은 비누입니까?
나 : 네, 그것은 비누입니다.
가 : 이것은 샴푸입니까?
나 : 네, 그것은 샴푸입니다.

P. 70

나 : 비빔밥이/삼계탕
가 : 이것은 불고기입니까?
나 : 아니요, 불고기가 아닙니다.
　　　그것은 자장면입니다.
가 : 이것은 비누입니까?
나 : 아니요, 비누가 아닙니다.
　　　그것은 수건입니다.
가 : 이것은 숟가락입니까?
나 : 아니요, 숟가락이 아닙니다.
　　　그것은 젓가락입니다.

P. 80
커피하고 콜라
햄하고 통조림
바나나하고 수박
건전지하고 휴대폰
밥하고 계란

P. 81
포도예요
바나나예요/바나나가 아니에요
휴대폰이에요
오백 원이 아니에요

P. 84
가 : 이것은 건전지예요?
나 : 네, 그것은 건전지예요.
가 : 그것은 배예요?
나 : 아니요, 그것은 배가 아니에요. 사과예요.
가 : 저것은 과자예요?
나 : 아니요, 그것은 과자가 아니에요.
　　 그것은 빵이에요.

P. 85
나 : 사이다 세 병/맥주 두 병
가 : 뭘 드릴까요?
나 : 돼지고기 일 킬로그램하고, 닭고기 한 마리 주세요.
가 : 뭘 드릴까요?
나 : 계란 열 개하고, 캔 커피 다섯 개하고,
　　 화장지 여섯 개 주세요.
가 : 뭘 드릴까요?
나 : 형광등 한 개하고, 휴지 일곱 개하고,
　　 바나나 한 송이주세요.

P. 86
가 : 바나나는/한 송이
나 : 바나나는/한 송이/이천 원
가 : 이 콜라는 한 병에 얼마예요?

나 : 그 콜라는 한 병에 육백 원이에요.
가 : 그 소고기는 일 킬로그램에 얼마예요?
나 : 그 소고기는 일 킬로그램에 만 이천 원이에요.
가 : 그 생선은 한 마리에 얼마예요?
나 : 그 생선은 한 마리에 삼천오백 원이에요.

P. 96
유월 육일이에요
칠월 칠일이에요
팔월 십오일이에요
구월 삼십일이에요
시월 오일이에요

P. 97
나 : 2월 18일
가 : 오늘은 며칠이에요?
나 : 오늘은 10월 9일이에요.
가 : 내일은 며칠이에요?
나 : 내일은 4월 10일이에요.
가 : 모레는 며칠이에요?
나 : 모레는 11월 11일이에요.

P. 98
나 : 10월 20일
가 : 수료식이 언제예요?
나 : 수료식은 12월 28일이에요.
가 : 방학이 언제예요?
나 : 방학은 7월 23일이에요.
가 : 오리엔테이션은 언제예요?
나 : 오리엔테이션은 2월 27일이에요.

P. 99
나 : 화요일
가 : 모레는 무슨 요일이에요?
나 : 모레는 수요일이에요.
가 : 7월 3일은 무슨 요일이에요?

나 : 7월 3일은 일요일이에요.
가 : 오늘은 무슨 요일이에요?
나 : 오늘은 토요일이에요.

5과 회화 연습

P. 112
나 : 아홉 시
가 : 실례지만, 지금 몇 시예요?
나 : 지금 열두 시 반이에요.
　　(열두 시 삼십 분이에요.)
가 : 고맙습니다.
나 : 실례지만, 지금 몇 시예요?
가 : 지금 네 시 십오 분이에요.
나 : 고맙습니다.
가 : 실례지만, 지금 몇 시예요?
나 : 지금 여덟 시 오십 분이에요.
　　(아홉 시 십 분 전이에요.)
가 : 고맙습니다.

P. 113
가 : 우체국은
나 : 우체국은/9시부터 6시까지
가 : 실례지만 은행은 몇 시부터 몇 시까지예요?
나 : 은행은 9시부터 4시까지예요.
가 : 고맙습니다
가 : 출입국관리소는 몇 시부터 몇 시까지예요?
나 : 출입국관리소는 9시부터 5시까지예요.
가 : 고맙습니다.
가 : 실례지만 병원은 몇 시부터 몇 시까지예요?
나 : 병원은 24시간이에요.
가 : 고맙습니다.

6과 문법·회화 연습

P. 121
오른쪽/아래(밑)
(앞)(뒤)(밖)
(사이)

P. 122
가 : 화장실이
나 : 화장실은/매점 앞
가 : 실례합니다. 계단이 어디에 있어요?
나 : 계단은 엘리베이터 옆(오른쪽)에 있어요.
가 : 감사합니다.
가 : 실례합니다. 휴지통이 어디에 있어요?
나 : 휴지통은 책상 옆(오른쪽)에 있어요.
가 : 감사합니다.
가 : 실례합니다. 구두가 어디에 있어요?
나 : 구두는 가방 앞에 있어요.
가 : 감사합니다.

P. 123
가 : 세탁소가
나 : 세탁소는/편의점 옆(편의점 오른쪽)
가 : 실례합니다. 은행이 어디에 있어요?
나 : 은행은 주유소와 도서관 사이(주유소 옆/
　　주유소 오른쪽/도서관 옆/도서관 왼쪽)에 있어요.
가 : 감사합니다.
가 : 실례합니다. 꽃 가게가 어디에 있어요?
나 : 꽃 가게는 주유소 왼쪽(주유소 옆)에 있어요.
가 : 감사합니다.
가 : 실례합니다. 주유소는 어디에 있어요?
나 : 주유소는 꽃 가게 오른쪽(은행 왼쪽/꽃 가게와
　　은행 사이/꽃 가게 옆/은행 옆)에 있어요.
가 : 감사합니다.

P. 124
가 : 비비엔 씨 뒤에 퍼디 씨가 있어요?
나 : 네, 비비안 씨 뒤에 퍼디 씨가 있어요.
가 : 책상 위에 컴퓨터가 있어요?

나 : 네, 책상 위에 컴퓨터가 있어요.
가 : 가방 안에 옷이 있어요?
나 : 네, 가방 안에 옷이 있어요.

P. 125
가 : 냉장고가
나 : 냉장고는/3층
가 : 실례합니다. 화장실이 몇 층에 있어요?
나 : 화장실은 2층에 있어요.
가 : 감사합니다.
가 : 실례합니다. 지갑이 몇 층에 있어요?
나 : 지갑은 1층에 있어요.
가 : 감사합니다.
가 : 실례합니다. 주차장이 몇 층에 있어요?
나 : 주차장은 B2, 3층에 있어요.
가 : 감사합니다.

P. 136
배우지 않습니다
마십니까?
씁니다/쓰지 않습니다
만납니까?/만나지 않습니다
먹습니다

P. 137
가 : 로이 씨
나 : 지금 맥주를 마십니다.
가 : 비비엔 씨, 지금 무엇을 합니까?
나 : 저는 지금 바나나를 먹습니다.
가 : 왕샤위 씨, 지금 무엇을 합니까?
나 : 저는 지금 음악을 듣습니다.
가 : 퍼디 씨, 지금 무엇을 합니까?
나 : 저는 지금 요리를 합니다.

P. 138
나 : 주말에 친구를 만납니다.

가 : 언제 청소를 합니까?
나 : 저는 아침에 청소를 합니다.
가 : 언제 책을 읽습니까?
나 : 저는 잠자기 전에 책을 읽습니다.
가 : 언제 영화를 봅니까?
나 : 저는 토요일, 일요일에 영화를 봅니다.

P. 139
가 : 이준기 씨, 오늘 피자를 먹습니까?
나 : 네, 피자를 먹습니다.
가 : 벤슨 씨, 오늘 책을 읽습니까?
나 : 아니요, 책을 읽지 않습니다. 텔레비전을 봅니다.
가 : 왕샤위 씨, 오늘 영화를 봅니까?
나 : 아니요, 영화를 보지 않습니다. 음악을 듣습니다.

P. 147
책을 읽고 편지를 씁니다
텔레비전을 보고 잠을 잡니다
밥을 먹고 영화를 봅니다
친구를 만나고 도서관에 갑니다
커피를 마시고 음악을 듣습니다
백화점에 가고 쇼핑을 합니다

P. 148
가 : 최지영
나 : 명동
가 : 리리 씨, 어디에 갑니까?
나 : 저는 교회에 갑니다.
가 : 마스미 씨, 어디에 갑니까?
나 : 저는 백화점에 갑니다.
가 : 왕샤위 씨, 어디에 갑니까?
나 : 저는 식당에 갑니다.

P. 149
나 : 학교/한국어를 가르칩니다.
가 : 어디에서 친구를 만납니까?

나 : 저는 명동에서 친구를 만납니다.
가 : 어디에서 비빔밥을 먹습니까?
나 : 저는 식당에서 비빔밥을 먹습니다.
가 : 어디에서 책을 읽습니까?
나 : 저는 도서관에서 책을 읽습니다.

P. 150
나 : 오늘 오후/텔레비전을 보/편지를 씁니다.
가 : 오늘 오후에 무엇을 합니까?
나 : 저는 오늘 오후에 명동에서 영화를 보고
　　친구를 만납니다.
가 : 일요일에 무엇을 합니까?
나 : 저는 일요일에 공원에서 운동하고
　　그림을 그립니다.
가 : 내일 무엇을 합니까?
나 : 저는 내일 신문을 읽고 커피를 마십니다.

9과 문법·회화 연습

P. 162
덥지 않습니다
춥습니다
시원하지 않습니다
비가 오지 않습니다
눈이 내립니다

P. 163
나 : 호주는 날씨가 덥습니다.
가 : 일본은 날씨가 어떻습니까?
나 : 일본은 날씨가 덥고 비 옵니다.
가 : 홍콩은 날씨가 어떻습니까?
나 : 홍콩은 날씨가 시원합니다.
가 : 제주도는 날씨가 어떻습니까?
나 : 제주도는 날씨가 따뜻합니다.

P. 164
나 : 김치는 맵지만 맛있습니다.
가 : 한국 음식이 어떻습니까?

나 : 한국 음식은 맛있지만 비쌉니다.
가 : 지하철이 어떻습니까?
나 : 지하철은 빠르지만 복잡합니다.
가 : 한국어 공부가 어떻습니까?
나 : 한국어 공부는 어렵지만 재미있습니다.

P. 165
나 : 맵지 않습니다. 맛있습니다.
가 : 만들기는 어렵습니까?
나 : 아니요, 만들기는 어렵지 않습니다. 쉽습니다.
가 : 버스는 사람이 적습니까?
나 : 아니요, 버스는 사람이 적지 않습니다. 많습니다.
가 : 백화점은 쌉니까?
나 : 아니요, 백화점은 싸지 않습니다. 비쌉니다.

10과 문법·회화 연습

P. 178
만나요/안 만나요/만나지 않아요
와요/안 와요/오지 않아요
봐요/안 봐요/보지 않아요
앉아요/안 앉아요/앉지 않아요
서요/안 서요/서지 않아요
배워요/안 배워요/배우지 않아요
먹어요/안 먹어요/먹지 않아요
그려요/안 그려요/그리지 않아요
가르쳐요/안 가르쳐요/가르치지 않아요
마셔요/안 마셔요/마시지 않아요
요리해요/요리 안 해요/요리하지 않아요
청소해요/청소 안 해요/청소하지 않아요
추워요/안 추워요/춥지 않아요
더워요/안 더워요/덥지 않아요

P. 179
가 : 퍼디 씨, 어디에 가요?
나 : 민속촌에 가요.
가 : 퍼디 씨, 민속촌에 가요?
나 : 아니요, 민속촌에 안 가요. 롯데월드에 가요.

가 : 퍼디 씨, 강남에 가요?
나 : 아니요, 강남에 안 가요. 신촌에 가요.

P. 180
나 : 롯데월드에서 바이킹을 타요.
가 : 오늘 뭐 해요?
나 : 인사동에서 전통차를 마셔요.
가 : 오늘 뭐 해요?
나 : 저는 공원에서 그림을 그려요.
가 : 오늘 뭐 해요?
나 : 저는 강남에서 떡볶이를 먹고 쇼핑을 해요.

P. 181
나 : 영화를 안 봐요. 친구를 만나요.
가 : 학교에서 한국어를 공부해요?
나 : 아니요, 저는 한국어를 공부 안 해요.
　　영어를 가르쳐요.
가 : 집에서 텔레비전을 봐요?
나 : 아니요, 저는 텔레비전을 안 봐요. 청소해요.
가 : 롯데월드에서 바이킹을 타요?
나 : 아니요, 바이킹을 안 타요. 롤러코스터를 타요.

11과 회화 연습

P. 190
가 : 아침에 일어나서 보통
나 : 아침에 일어나서 신문을 읽어요.
가 : 아침에 일어나서 보통 뭐 해요?
나 : 저는 아침에 일어나서 청소해요.
가 : 아침에 일어나서 보통 뭐 해요?
나 : 저는 아침에 일어나서 샤워해요.
가 : 아침에 일어나서 보통 뭐 해요?
나 : 저는 아침에 일어나서 밥을 먹어요.

P. 191
가 : 학교에 가서 보통
나 : 학교에 가서 친구를 만나요.
가 : 동대문시장에 가서 보통 뭐 해요?

나 : 저는 동대문시장에 가서 옷을 사요.
가 : 이태원에 가서 보통 뭐 해요?
나 : 저는 이태원에 가서 맥주를 마셔요.
가 : 인사동에 가서 보통 뭐 해요?
나 : 저는 인사동에 가서 선물을 사요.

P. 192
가 : 친구를 만나서 보통
나 : 친구를 만나서 커피를 마셔요.
가 : 친구를 만나서 보통 뭐 해요?
나 : 저는 친구를 만나서 영화를 봐요.
가 : 이준기 씨를 만나서 보통 뭐 해요?
나 : 저는 이준기 씨를 만나서 피자를 먹어요.
가 : 로이 씨를 만나서 보통 뭐 해요?
나 : 저는 로이 씨를 만나서 놀이 기구를 타요.

P. 193
가 : 요리해서
나 : 요리해서 친구와 같이 먹어요.
가 : 김치를 만들어서 뭐 해요?
나 : 저는 김치를 만들어서 친구에게 줘요.
가 : 스파게티를 만들어서 뭐 해요?
나 : 저는 스파게티를 만들어서 친구와 같이 먹어요.
가 : 편지를 써서 뭐 해요?
나 : 저는 편지를 써서 친구에게 보내요.

P. 196
아픕니다/아파요
예쁘지 않습니다/안 예뻐요
예쁘지만/예뻐서
기쁩니다/기뻐요
기쁘고/기쁘지 않아요
기쁘지만/기뻐서
쓰지 않습니다/안 써요

P. 204
안 만났어요
안 왔어요/오지 않았어요
보지 않았어요
앉았어요
배웠어요/안 배웠어요
읽었어요/안 읽었어요
그렸어요/그리지 않았어요

P. 205
나 : 지난 주말에 도서관에 갔어요.
가 : 지난 주말에 어디에 갔어요?
나 : 저는 지난 주말에 설악산에 갔어요.
가 : 지난 주말에 어디에 갔어요?
나 : 저는 지난 주말에 온천에 갔어요.
가 : 지난 주말에 어디에 갔어요?
나 : 저는 지난 주말에 놀이동산에 갔어요.

P. 206
나 : 도서관/백화점에 갔어요.
가 : 지난 주말에 설악산에 갔어요?
나 : 아니요, 저는 설악산에 안 갔어요. 온천에 갔어요.
가 : 지난 주말에 바다에 갔어요?
나 : 아니요, 저는 바다에 안 갔어요. 산에 갔어요.
가 : 지난 주말에 부산에 갔어요?
나 : 아니요, 저는 부산에 안 갔어요. 제주도에 갔어요.

P. 207
나 : 저는 어제 영화관에서 영화를 보고 술을 마셨어요.
가 : 어제 무엇을 했어요?
나 : 저는 어제 집에서 텔레비전을 보고 청소했어요.
가 : 지난 주말에 무엇을 했어요?
나 : 저는 지난 주말에 명동에서 피자를 먹고
　　쇼핑을 했어요.
가 : 지난 주말에 무엇을 했어요?
나 : 저는 지난 주말에 이태원에서 술을 마시고
　　춤을 추었어요.

P. 208
나 : 영화/친구를 만났어요.
가 : 어제 도서관에서 책을 읽었어요?
나 : 아니요, 저는 책을 안 읽었어요. 인터넷을 했어요.
가 : 어제 집에서 피아노를 쳤어요?
나 : 아니요, 저는 피아노를 안 쳤어요. 기타를 쳤어요.
가 : 지난 주말에 등산을 했어요?
나 : 아니요, 저는 등산을 안 했어요. 골프를 쳤어요.

P. 217
볼까요?
마실까요?

P. 218
봅시다
만납시다
마십시다

P. 219
시간이 있으면
시간이 없으면
수업이 끝나면

P. 220
나 : 점심을 먹읍시다.
가 : 오늘 저녁에 술을 마실까요?
나 : 네, 좋아요. 술을 마십시다.
가 : 이번 주말에 온천에 갈까요?
나 : 네, 좋아요. 온천에 갑시다.
가 : 내일 농구를 할까요?
나 : 네, 좋아요. 농구를 합시다.

P. 221
가 : 골프를 할까요? 수영을 할까요?
가 : 오늘 점심을 먹읍시다.
　　비빔밥을 먹을까요? 비빔국수를 먹을까요?

나 : 비빔국수를 먹읍시다.
가 : 금요일에 영화를 봅시다.
　　007을 볼까요? 타이타닉을 볼까요?
나 : 타이타닉을 봅시다.
가 : 주말에 여행을 갑시다.
　　스케이트를 탈까요? 스키를 탈까요?
나 : 스키를 탑시다.

P. 222
나 : 저는 수업이 끝나면 친구를 만나요.
가 : 친구를 만나면 뭐 해요?
나 : 저는 친구를 만나면 농구를 해요.
가 : 집에 가면 뭐 해요?
나 : 저는 집에 가면 텔레비전을 봐요.
가 : 인사동에 가면 뭐 해요?
나 : 저는 인사동에 가면 전통차를 마셔요.

P. 223
나 : 저는 집에 안 가요. 도서관에 가요.
가 : 아침에 일어나면 신문을 읽어요?
나 : 아니요, 저는 신문을 안 읽어요. 커피를 마셔요.
가 : 시간이 있으면 영화를 봐요?
나 : 아니요, 저는 영화를 안 봐요. 경복궁에 가요.
가 : 수업이 끝나면 숙제 해요?
나 : 아니요, 저는 숙제 안 해요. 명동에 가요.

14과 문법·회화 연습

P. 233
편지를 쓰세요
사진을 찍으세요
음악을 듣고 있어요
요리를 하고 있어요
와인을 마시고 있어요
춤을 추고 있어요
기타를 배우고 있어요
그림을 그리고 있어요

P. 234
가 : 점심을 드세요.
가 : 저는 기타를 배워요. 어머니도 기타를 배우세요.
가 : 동생은 방에 있어요. 아버지도 방에 계세요.
가 : 저는 책을 읽어요. 어머니도 신문을 읽으세요.

P. 235
나 : 저는 삼겹살
가 : 저녁에 텔레비전을 보세요?
나 : 네, 저는 텔레비전을 봐요.
가 : 주말에 설악산에 가세요?
나 : 네, 저는 설악산에 가요.
가 : 등산을 하세요?
나 : 아니요, 저는 등산을 안 해요. 수영을 해요.

P. 236
나 : 신문을 읽
가 : 지금 뭘 하고 있어요?
나 : 저는 지금 버스를 기다리고 있어요.
가 : 지금 뭘 하고 있어요?
나 : 저는 지금 골프를 치고 있어요.
가 : 지금 뭘 하고 있어요?
나 : 저는 지금 영화를 보고 있어요.

P. 237
나 : 그리고 있어요.
가 : 커피를 다 마셨어요?
나 : 아니요, 아직 마시고 있어요.
가 : 밥을 다 먹었어요?
나 : 아니요, 아직 먹고 있어요.
가 : 숙제 다 했어요?
나 : 아니요, 아직 하고 있어요.

P. 238
나 : 중국어를 배우고
가 : 요즘 뭐 해요?
나 : 저는 요즘 태권도를 배우고 있어요.
가 : 요즘 뭐 해요?
나 : 저는 요즘 피아노를 가르치고 있어요.
가 : 요즘 뭐 해요?

나 : 저는 요즘 영어를 가르치고 있어요.

15과 문법·회화 연습

P. 248
오세요
영화를 보세요
타세요

P. 249
담배를 피우지 마세요
김치를 먹지 마세요
자지 마세요/주무시지 마세요

P. 250
6000번 버스로 갈아타다
시청역에서 버스로 갈아타다
신촌에서 버스로 갈아타다
강남역에서 지하철로 갈아타다

P. 251
나 : 시청역에서 2호선으로 갈아타세요.
가 : 실례지만, 인사동에 어떻게 가요?
나 : 3호선 안국역에서 내리세요.
가 : 네, 알겠습니다. 감사합니다.
가 : 실례지만, 인천 공항에 어떻게 가요?
나 : 한국대학교 앞에서 공항버스를 타세요.
가 : 네, 알겠습니다. 감사합니다.
가 : 실례지만, 이태원에 어떻게 가요?
나 : 3호선 약수역에서 6호선으로 갈아타세요.
가 : 네, 알겠습니다. 감사합니다.

P. 252
가 : 실례합니다.
　　경복궁에서 롯데월드까지 어떻게 가요?
나 : 경복궁역에서 3호선을 타세요.
　　그리고 을지로 3가역에서 2호선으로 갈아타세요.
　　그리고 롯데월드역에서 내리세요.

가 : 고맙습니다.
가 : 서울대공원(역)에서 안국(역)까지 어떻게 가요?
나 : 서울대공원역에서 4호선을 타세요.
　　그리고 충무로역에서 3호선으로 갈아타세요.
　　그리고 안국역에서 내리세요.
가 : 고맙습니다.

P. 253
가 : 교실에서 영어를 하지 마세요.
가 : 어! 영화관에서 전화를 하지 마세요.
나 : 아이고, 죄송합니다.
가 : 어! 박물관에서 사진을 찍지 마세요.
나 : 아이고, 죄송합니다.
가 : 어! 공원에서 잔디밭에 들어가지 마세요.
나 : 아이고, 죄송합니다.

색인 索引

가구　家具　25
가깝다　近い　169
가다　行く　25 143 178-180
가르치다　教える　132 154 176 238
가방　かばん/バッグ　64 68 124
가볍다　軽い　168
가짜　偽物　32
갈비탕　カルビスープ　200
갈아타다　乗り換える　144 155 245 247 250
감　かき　77
감사합니다　ありがとうございます　60 61 75 251
값　値段　39 78
강　川/河　36 129
강남　江南　174 180
같이　いっしょに　43 173 199 245
개　個　25 77 85
거기　そこ　27 72 120
거문고　コムンゴ　230
거실　居間　119
건너다　渡る　144
건너편　向かい側　118 121
건전지　乾電池　76 80 84
걷다　歩く　35 144 197 230
견학　見学　93
경복궁　景福宮　216 245 251 252
경찰관　警察官　51
계단　階段　119 122 124
계란(달걀)　卵　76 80 85
계시다　いらっしゃる　230 231
고기　肉　25 77
고르다　選ぶ　144
고맙습니다　ありがとうございます　60 109 252
고속버스　高速バス　246
고추　唐辛子　29
고향　故郷　216 222
곧　すぐに　36 38
골프를 치다　ゴルフをする　208 212 236
곰　熊　35

공　ボール　36
공공기관　公共機関　108
공부하다　勉強する　141 155 176 177
공원　公園　119 151 179 243
과일 가게　果物屋　127
과자　菓子　76 84
광화문　光化門　145 215 242
교실　教室　145 160 253
교통카드　交通カード　64 67
교통 표지　交通標識　246
교회　教会　145 148 242
구　9　82 110
구두　靴　25 64 122
구름이 끼다　雲がかかる　158
구월　9月　92
구일　9日　104
국　スープ　38
국립　国立　42
국수　そうめん　42 199
국자　しゃくし　42
국화　菊　43
굳이　あえて　43
굳히다　固める　43
굶다　飢える　40
궤도　軌道　33
귀　耳　33
귀엽다　かわいい　140
그릇　茶碗/器　64
그리다　描く　132
그림을 그리다　絵を描く　132 154 212 233
그저께　一昨日　92 105 135
근처　近所　118 121
금요일　金曜日　93 105 141
금지　禁止　254 256
기다리다　待つ　230 249
기쁘다　嬉しい　159 170
기차　汽車　246
기타　その他　51 109
기타를 치다　ギターを弾く　212 208
길다　長い　168

김밥　のり巻き　63 65-70
김치　キムチ　159 164 217
김치찌개　キムチチゲ　200
까치　カササギ　31
깎다　削る　36
깨끗하다　きれいだ/清潔だ　170
꼬리　尾/しっぽ　31
꼬마　（幼い子どもの愛称）ちびちゃん　32
꽃　花　35 119 193
꽃 가게　花屋　121
끝나다　終わる　216 219

ㄴ

나　わたし/ぼく　25 145
나가다　出かける　27
나라　国　27 49 166
나무　木　29
나비　蝶々　29
나쁘다　悪い　159 170
나이아가라 폭포　ナイアガラの滝　129
낚시　釣り　35
날　日　92
날씨　天気　157 163-167
날짜　日にち　91 100 102
남녘　南の方　36
남대문시장　南大門市場　174 243
낫　鎌　36
낮　昼/日中　35 108
낮다　低い　168
내년　来年　92 105
내리다　降りる　27 144 155 247
내일　明日　61 92 106 146
내일 만나요　明日会いましょう　61
냉면　冷麺　200
냉장고　冷蔵庫　125
넓다　広い　40 169
네　はい(返事)　51 117 173 245
넷　4　83
년　年　92 211

노래　歌　25 101
노래하다　歌う　132 155 212
노루　鹿　25
놀이 기구　アトラクション　174 192
놀이동산　アスレチック公園　200 205
농구를 하다　バスケットボールをする　188 212
누나　お姉さん(弟が言うとき)　27
눈　雪　158 162
눈　目　35
눈이 내리다　雪が降る　158 162
느리다　遅い/のろい　158 168
늦다　遅い、遅れる　247

ㄷ

다녀오겠습니다　いってきます　60
다녀오세요　いってらっしゃい　60
다리　橋　25
다섯　5　38 83 110
다음 달　来月　92 105
다음 주　来週　93 105
달　月　35 92 105
달다　甘い　158
달력　カレンダー　94 103
달리다　走る　144
닭고기　鶏肉　77 80 85
담배를 피우다　煙草を吸う　230 253
대학교　大学　188 243
대학로　大学路　42 174 242
더럽다　汚い　170
덥다　暑い　158 170 177
도서관　図書館　108 143 183 242
도토리　どんぐり　29
독서　読書　51 57 212
독일　ドイツ　50 55 128
돈　お金　35 78 89
동네　町/村　117 119 201
동대문시장　東大門市場　109 115 174 191
돼지　豚　33
돼지고기　豚肉　77 85

된장찌개　テンジャンチゲ　200
두부　豆腐　76 80
둘　2　83
뒤　後/後ろ/裏　33 118 124
드라마　ドラマ　230 241
드시다　召し上がる　230 233 248
듣다　聞く　132 139 154 197
들어가다　入る/入っていく　247 253
들어오다　入る/入ってくる　247
등산을 하다　登山をする　200 213 235
따다　(果実などを)もぎ取る　31 32
따뜻하다　暖かい　158 170 177
딸기　いちご　77 85
때　時　105 108
떠나다　発つ/離れる　32
떠들다　騒ぐ　247
떡볶이　トッポッキ　63 65
또 만나요　また会いましょう　61
뛰다　走る/跳ぶ　247
뜨겁다　熱い　169
뜨다　浮く　31
띠　帯/ベルト　31 32

라디오　ラジオ　25
라면　ラーメン　75 80 84
러시아　ロシア　50 129
롤러코스터를 타다　ローラーコースターに乗る　174 181
롯데월드　ロッテワールド　174 242 252
린스　リンス　65

마리　(動物、魚などを数える単位)匹/羽/頭　77 81
마시다　飲む　132 154 184 248
마흔　40　83
만　～万　82
만나다　会う　147 154 184 222
만나서 반갑습니다　会えて嬉しいです　49 58 59

만두　ギョーザ　200
만들다　作る　133 155 184 217
만지다　触る　263
많다　多い　39 159 168 185
맏이　末子　43
맏형　長兄　43
맑다　清む　41 158 170
맛없다　まずい　158 168
맛있다　おいしい　158 168 185
맞은편　向かい側　118 121
매일　毎日　92 135
맥주　ビール　75 76 78
맥주를 마시다　ビールを飲む　191
맵다　辛い　158 169
머리　頭　27
먹다　食べる　132 135 136
멀다　遠い　160 169
멋있다　かっこいい　159
멕시코　メキシコ　50
며칠　何日　91-93 102
명동　明洞　145 173 242
몇 년　何年　92
몇 월　何月　92
몇 층　何階　117 118 125
모두　全部/みんな　75 78 87
모레　明後日　92 105
모자　帽子　27
목요일　木曜日　91 93 105 136
몫　分け前、受け持った任務　39
몸　体　36
몽골　モンゴル　129
무　大根　27
무겁다　重い　168
무릎　ひざ　36
무엇/뭐　何　68 72 143 175 201
문　ドア/門　36
문어　タコ　37
묻다　尋ねる　197 230
물　水　76
물건　物　71 75 87 159

뭘(=무엇을)　何を　78 201 225 229
미국　アメリカ　50 129
미안합니다　すみません　60
미역국　ワカメ汁　101
미용실　美容室　119
민속촌　民俗村　174 179 243
믿는다　信じる　41
밑　下　118

바　バー　201
바꾸다　換える　32 144 155
바나나　バナナ　77 85 87
바다　海　27 200 243
바쁘다　忙しい　31 169 177 196
바이킹을 타다　バイキングに乗る　174 180
박물관　博物　246 253
밖　外　38 118
반　半　108 110 111
발　足　35
밝다　明るい　169
밟다　踏む　40
밤　夜　35 108 255
밥　ご飯　36 38 133
방　部屋　119
방송국　放送局　175 183
방학(방학하다)　休み(冬休み、夏休み)　93 216
밭　畑　35
배　梨　77
배　船　27 246
배우다　習う/学ぶ　132 154 177 202 238
백　百　82 83
백만　百万　82
백화점　百貨店　148 165 206 242
버스 정류장　バスの停留場　246 251
버찌　さくらんぼ　31
번개가 치다　稲妻が走る　158
벚　桜の花　36
베트남　ベトナム　129

벽　壁　36
병　本(瓶を数える単位)　75 77
병원　病院　108 113 127 242
보내다　送る/過ごす　188 193
보다　見る　132 154 177 212
보통　普通　187 190 194
복도　廊下/通路　246
복잡하다　複雑だ　159 169
볼링을 치다　ボーリングをする　200
부부　夫婦　29
부산　釜山　111 206
부엌　台所　35 38 119
북한산　北漢山　200
분　分/方　108 110 111
불고기　プルゴギ　65 70
불친절하다　不親切だ　159 170
불편하다　不便だ　159 169
브라질　ブラジル　129
비가 내리다　雨が降る　158
비누　石鹸　27 65 69 70
비빔국수　ビビンククス　199 200 221
비빔밥　ビビンパ　65 70 200 225
비싸다　(値段が)高い　31 159 170 185
비행기　飛行機　246
빗　櫛(くし)　35
빛　光/光沢　36 38
빠르다　速い　32 158 160 168
빵　パン　76 219 232
뽀뽀　キス　31
뿌리　根　31

사　4　82 110
사과　りんご　33 77 80 87
사다　買う　27 144 155 174
사당역　舍堂駅　246
사무실　事務室　246
사물　物　63 72
사십　40　82 110

사월 4月 92
사이 間 29 118 126
사이다 サイダー 76 81 85
사일 4日 104
사진을 찍다 写真を撮る 230 253
산 山 35 200 204 243
살다 生きる/住む 133
삶 暮らし、人生 40
삼 3 82 110
삼겹살 三枚肉、バラ肉 235
삼계탕 サムゲタン 70
삼십 30 82 110
삼월 3月 92
새 鳥 27
생선 魚 77 86
생일 誕生日 94 98 101
생일 축하합니다 誕生日おめでとうございます 101
생활필수품 生活必需品 64 65 76
샤워하다 シャワーする 155 188 190
샴푸 シャンプー 65 69
서다 立つ 29 176-178
서른 30 83
서울대공원 ソウル大公園 252
서울랜드 ソウルランド 174
서울역 ソウル駅 246
선물(선물하다) プレゼント(プレゼントする) 188
선생님 先生 51 146 161 204
설악산 雪嶽山 200 205 235
세계 世界 34 128
세수하다 洗顔する 155
세탁소 洗濯所/クリーニング屋 108 123 243
세탁하다 洗濯する 247
셋 3 83
소 牛 27
소고기 牛肉 77 86
소나무 松 29
소주 焼酎 76 80
속 中、内 118 121
송이 （花、幹などを数える単位）輪 77 87
쇼핑하다 ショッピングする 144 180 212

수건 タオル 65 70
수고 苦労 29
수료식 終了式 93 98
수박 スイカ 77 80
수세미 たわし 64
수업 授業 219 222-223
수영(수영하다) 水泳(水泳する) 155 200 209 212
수요일 水曜日 93 96 105 141
숙제(숙제하다) 宿題(宿題をする) 132
숟가락 さじ 64 70
술을 마시다 お酒を飲む 207 220
숲 森 38
쉬다 休む 34
쉰 50 83
쉽다 やさしい 159 165 169
수퍼마켓(수퍼) スーパーマーケット(スーパー) 119 127 243
스물 20 83
스케이트를 타다 スケートをする 213
스키를 타다 スキーをする 200 209 212 224
스파게티 スパゲッティ 193
스페인 スペイン 50 211
스피커 スピーカー 31
슬프다 悲しい 159 170
시 時 107-111
시간 時間 107 110 215 255
시간이 없다 時間がない 216
시간이 있다 時間がある 216 223
시계 時計 33 64 71 109
시내버스 市内バス 246
시다 すっぱい 158
시원하다 涼しい/さわやかだ 158 162 170
시월 10月 92
시험 試験 93 98
식당 食堂 108 127 145 242
식품 食品 76
신문 新聞 145 188
신문을 읽다 新聞を読む 150 190 234
신촌 新村 119 174 243 251
신호등 信号機 246
실례지만 失礼ですが 107 109 112 251

실례합니다　失礼します　61 119 122-127 252
싫다　嫌い　39
심리　心理　42
십　10 82 89 110
십만　10万　82
십이월　12月　92
십일월　11月　92
싱겁다　(味が)薄い/水っぽい　158
싸다　安い　159 170
쌀쌀하다　肌寒い　158
쏘다　おごる/射る/射す　32
쓰다　使う/書く　31 150 188 213
쓰다(맛)　苦い　158
쓰러지다　倒れる　32

ㅇ

아가씨　お嬢さん　31 75
아래　下　118
아버지　お父さん/父　231 234
아빠　お父さん/父　32
아우　兄弟/姉妹同士で年下の者　24
아이　子ども　24
아저씨　おじさん　84~86
아주머니　おばさん　27 87
아직　まだ　229 230 237
아침　朝　108 194 241
아파트　アパート/マンション　119
아홉　9 83 110 111
아프리카　アフリカ　129
안　中/内　118 121 124
안개가 끼다　霧がかかる　158
안경　眼鏡　64 68
안녕하세요　こんにちは　49 58 60 229
안녕하십니까　こんにちは　49~51 58~60
안녕히 가세요　さようなら　60 75 87
안녕히 계세요　さようなら　60 75 87
안녕히 주무세요　おやすみなさい　61
앉다　座る　39
앉히다　座らせ　43

알다　知る/わかる　36
알래스카　アラスカ　129
앞　前/先　36 118 251
앞마당　前庭　41
애　子ども　24
야구　野球　51 57
약　薬　216
약속　約束　216
얘기/이야기　(話)の短縮形　33
어?　あっ!　102
어둡다　暗い　169
어디　どこ　27 72 117 120
어떻다　どうだ　159
어렵다　難しい　159 162 169
어머니　お母さん/母　29 231 234
어서 오세요　いらっしゃいませ　75 78 87
어제　昨日　92 105 199 207
언제　いつ　94 135 138
엄마　お母さん　35
에버랜드　エバーランド　174
에스컬레이터　エスカレーター　119
엘리베이터　エレベーター　119 122 124
여덟　8 40 83 110
여섯　6 83 110
여의도　汝矣島　175 183
여행(여행하다)　旅行(旅行する)　213 216
연극을 보다　演劇を見る　174 180
열　10 83 110~111
염려　心配　42
영어 책　英語の本　94
영화　映画　51 58 133 141
영화 감상　映画鑑賞　51 58
영화관　映画館　126 207 242 253
영화를 보다　映画を見る　213 233 236
영화배우　映画俳優　51
영화 촬영　映画撮影　133
옆　横　118 121 124
예쁘다　きれいだ　159 169
예순　60 83
예의　礼儀　34

오 5 82 110 111
오늘 今日 131 173 180 220
오다 来る 144 154 184 227
오랜만이에요 久しぶりです 229 230
오른쪽 右/右側 118 121
오리 鴨 25
오리엔테이션 オリエンテーション 93 98
오십 50 82 89 110
오월 5月 92 96
오이 きゅうり 24 26
오전 午前 108 111 115
오천 원 5000ウォン 87 89
오토바이 オートバイ 246
오후 午後 108 115 187 217
온천 温泉 200 206 243
올해 今年 92 105
옷을 사다 服を買う 191
와인 ワイン 229 230 233
왕의 남자 王の男 199 201 204
왜 なぜ/どうして 33 245
외곬 一筋 39
외투 外套/コート 33
왼쪽 左/左側 118 121
요리(요리하다) 料理(料理する) 51 132 212
요리사 調理師/コック 51
요일 曜日 91 101 105 141
요즘 この頃/最近 157 159 166 229 241
우리 わたしたち/我々 25 117 119 173 240
우리 동네 自分が住んでいる町/村 201
우유 牛乳 76 80
우체국 郵便局 31 108 113 243
우표 切手 31
운동(운동하다) 運動(運動する) 132 155 213
운전하다 運転する 144
원 ウォン(韓国貨幣単位) 75 78 81 89
월요일 月曜日 93 102 141
위 上 33 118 121 256
유럽 ヨーロッパ 216 223
유명 有名 128 174
유월 6月 92

육 6 82 104 110
육십 60 82 110
은행 銀行 108 113 126 242
음식 이름 食べ物の名前 65
음악 감상 音楽鑑賞 212
음악을 듣다 音楽を聞く 139 147 233
의미 意味 34
의사 医師 33 51 53 201
의자 椅子 33 119 249
이 2 82
이름 名前 49 51~54 58
이번 달 今月 92 105
이번 주 今週 92 105
이십 20 82 110
이야기하다 話す 154
이월 2月 92
이집트 エジプト 128 129
이탈리아 イタリア 50 129
이태원 梨泰院 174 207 242 251
인사 挨拶 50 60
인사동 仁寺洞 174 180 242 251
인터넷(인터넷하다)
     インターネット(インターネットをする) 144 155 181 212
인터뷰 インタビュー 93
일 日 100 102~104
일곱 7 83 110 111
일과 日課/スケジュール 187 194
일본 日本 50 53 129
일본 사람 日本人 53
일상생활 日常生活 188
일어나다 起きる 154 188 223
일요일 日曜日 93 105 134 218
일월 1月 92 94
일정 日程 131 133 140 183
일흔 70 83
읽다 読む 41 132 202~204
입학 入学 43
있다 ある、いる 216 229~232
잎 葉 36

자 物差し 27
자기소개 自己紹介 49 58
자다 寝る 132 147 154 248
자장면 ジャジャン麺 65 70
자전거를 타다 自転車に乗る 188
작년 去年 92 105
작다 小さい 159 168
잔디밭 芝生 246 253 256
잘 다녀와 行っておいで、行ってきなさい 60
잘 먹겠습니다 いただきます 60
잘 먹었습니다 ごちそうさまでした 60
잠을 자다 寝る/眠る 132 147
장소 場所 72 108 174 246
재미없다 おもしろくない/つまらない 159 168
재미있다 おもしろい 159 164 168
저 わたし、わたくし 63 72 96
저녁 夕方 108 187 220
적다 少ない 159 168
전 前 108 111 138
전시회 展示会 145 152
전통차를 마시다 伝統茶を飲む 174 180 222
전화를 하다(걸다) 電話をする(かける) 230 253
전화카드 電話カード 64 68 71
젊다 若い 40
점심 お昼/昼ご飯 108 225 234
점심을 먹다 昼ご飯を食べる 220 234
젓가락 箸(はし) 64 70
정류장 停留場 42 246 251
정리하다 整理する 188
정오 正午 108
제주도 済州道 163 206 242
좁다 狭い 159 169 175
좋다 良い 159 170 185 202
죄송합니다 申し訳ございません 60 253 254
주 週 93 105
주다 あげる/くれる 188 193
주말 週末 61 93 131 187 205
주말 잘 보내세요 よい週末を 61

주말 잘 지내세요 よい週末を 61
주무시다 お休みになる/お眠りになる 230 233
주세요 ください 78 87 88 256
주스 ジュース 76
주유소 ガソリンスタンド 119 123 127
주차장 駐車場 117 119 125
중국 中国 50 129 166 211
중국 사람 中国人 53 166
중국집 中華料理屋 109 115
지갑 財布 64 68 125
지금 今 107 112 173 229
지난달 先月 92 105
지난 일 過ぎた事柄 199 209
지난주 先週 93 105
지난 주말 先週末 205~210
지도 地図 27
지하 地下 27 118
지하철 地下鉄 161 225 243 250
직업 職業 51 52 56
집 家 36 117 119 207
짜다 しょっぱい/塩辛い 32 158
짧다 短い 40 168
쯤 ぐらい 108
찌개 チゲ/汁物 31 200
찌르다 突き刺す 32

차 車 29 155
차갑다 冷たい 169
창문 窓 36 119
채소 野菜 31
책 本 35 93 140 218
책상 机 42 119 121 124
책을 읽다 本を読む 139 181 233~235
천 1000 82
천둥이 치다 雷が鳴る 158
천만에요 とんでもありません 60
천 원 1000ウォン 89
청소하다 掃除をする 132 155 178 185

초　秒　108
촬영　撮影　133 141 175 183
최고　最高　33
축구　サッカー　51 57 200
축하합니다　おめでとうございます　61 94 101
출입국관리소　出入国管理所　108 113 243
춤을 추다　踊りを踊る　154 174 207 233
춥다　寒い　158 170 185
취미　趣味　51 52 200 212
층　階　117 118 125
치마　スカート　29
치약　歯磨き粉　65 69
친구를 만나다　友達に会う　141 191 222
친절하다　親切だ　159 170 185
칠　7　82 92 110
칠십　70 82
칠월　7月　92
칫솔　歯ブラシ　65

카메라　カメラ　31
카푸치노　カプチーノ　93
칼국수　カルククス　200
캄보디아　カンボジア　129
캐나다　カナダ　50 129
캔 커피　缶コーヒー　85
커피　コーヒー　31 76 134 233
커피를 마시다　コーヒーを飲む　149 190 232
커피숍　コーヒーショップ　119 123 149 242
컴퓨터　コンピューター/パソコン　71 119-121 124
컵　コップ　64
컵 라면　カップラーメン　76 84
케냐　ケニヤ　50
코　鼻　29
코트디부아르　コートジボワール　50
콜라　コーラ　76 80 86
크다　大きい　29 159 168
키　背　29
킬로그램　キログラム　77 81 85

타다　乗る　144 200 212 247
타이타닉　タイタニック　216 221
타조　ダチョウ　29
태권도　テコンドー　51 57 200 232
태권도장　テコンドー場　201
택시　タクシー　246
테니스를 치다　テニスをする　188 192 208 212
테니스장　テニス場/テニスコート　201
텔레비전　テレビ　119 147 207 231
텔레비전을 보다　テレビを見る　147 212
토끼　ウサギ　31
토요일　土曜日　93 105 141
통조림　缶詰　76 80 84
투수　投手　29

파　ねぎ　29
파도　波　29
파티를 하다　パーティ/パーティをする　216
팔(숫자)　8　82 110
팔(신체)　腕　35
팔다　売る　144 155 184
팔십　80 82
팔월　8月　92
편리하다　便利だ　159 169
편의점　コンビニ　108 120 243
편지를 쓰다　手紙を書く　154 188 213
포도　ぶどう　29 77 81
프랑스　フランス　50 129
피아노를 치다　ピアノを弾く　208 213 232
필리핀　フィリピン　50

하나　1　83
하마　カバ　29
학교　学校　42 108 136 242

학년 学年 41
학생 学生 51 56 204 249
학생 식당 学生食堂 108
한국 韓国 49 53 129 166
한국 드라마 韓国ドラマ 241
한국 사람 韓国人 49 52 58
한국어 韓国語 94 107 161 218
한국어를 가르치다 韓国語を教える 149
한국어 수업 韓国語の授業 107 109 114
한국어 책 韓国語の本 94 96 218
한국 음식 韓国の食べ物 159 164
한글 ハングル 20 22 37
한글날 ハングルの日 94 95 102
한남동 漢南洞 119
한잔하다 一杯やる 216
해 年 92 105
해(태양) 日(太陽) 27
해돋이 日の出 43
햄 ハム 76 80 84
허리 腰 27
현관 玄関 119
형광등 蛍光灯 76 85
호떡 ホットック 63 65 70
호수 湖 29 200
호주 オーストラリア 50 129 163 243
호프 ビール 215 216
혼자 一人 175
홍콩 香港 49 163 211
화가 画家 33
화요일 火曜日 93 105 141
화장실 化粧室/トイレ 119 122 125
화장지(티슈) ティッシュペーパー 76 85
회사 会社 33
회의 会議 33
횡단보도 横断歩道 246
휴대폰 携帯電話 64 66 76 204 256
휴지 ちり紙/紙くず/トイレットペーパー 29 76 256
휴지통 ごみ箱 119 122 256
흐리다 曇る 29 158 170
히읗 ヒウッ 35 38

● 기타 その他

007 ゼロゼロセブン 216
KTX 韓国高速鉄道 246

● 문법 색인 文法索引

거기 そこ 72 120
그 その 72 79 81
그것 それ 66 72 84 96
금지의 표현 禁止の表現 249 254
ㄷ 불규칙 「ㄷ」不規則 197
달력 읽기 カレンダーの読み方 103
돈 お金 35 89
동사 動詞 132 144 184 247
동사 카드 動詞カード 154 155
모음 母音 20 22 33 45
모음도 母音図 22
무엇 何 66 72 175
받침 パッチム(終子音) 35 38 44
숫자 数字 82
시간 읽기 時間の読み方 110 111
어느 どの 72
어디 どこ 72 120
여기 ここ 72 120
요일 읽기 曜日の読み方 103 105
위치 位置 118
으 불규칙 「으」不規則 196
음절 音節 26 28 30 32
이 この 72 79
이것 これ 66 72
자음 子音 21 25~32 45
장소 카드 場所カード 242 243
저 あの 72 79
조사 助詞 226
지시대명사 指示代名詞 63 66
취미 카드 趣味カード 212
형용사 形容詞 158 168 184
형용사 카드 形容詞カード 168~170

A-고 A　161
A/V-(으)면 A/V　219
A/V-아/어요　176 184 185
A/V-았/었어요　202 204
A-지만 A　162
A/V-지 않아요　177 178
A/V-지 않았어요　203 204
안 A/V-아/어요　177 178 184 185
안 A/V-았/었어요　202-204

N도　136 226
N(으)로 갈아타다　250
N부터 N까지　111 227
N에　81 121 144 227
N은/는 N에 가다/오다　146
N은/는 N에 없어요　121
N은/는 N에 있어요　121
N은/는 N에서 N을/를 V-ㅂ/습니다　134 146
N은/는 N이/가 아닙니다　67 79
N은/는 N입니까?　66
N은/는 N입니다　52
N은/는 며칠이에요?　95
N은/는 무슨 N예요/이에요　96
N을/를 V-ㅂ/습니까?　134 136 184 185
N을/를 V-ㅂ/습니다　134 136 184 185
N을/를 V-지 않습니다　134 136 184 185
N의 N　204
N이/가 무엇입니까?　52
N이/가 아니에요　79
N이/가 어디에 있어요?　120
N이/가 어떻습니까?　160
N이/가 언제예요?　95
N이/가 A-ㅂ/습니까?　160
N이/가 A-ㅂ/습니다　160
N예요/이에요　79
N하고 N　80 226
네, N입니다　67
아니요, N이/가 아닙니다　67
제 N　53

V-고 있다　232
V-고 V　147
V-(으)ㄹ까요?　217
V-(으)ㅂ시다　218
V-(으)세요　197 231 248
V-아/어서 V　189
V-지 마세요　249

● **발음 법칙** 発音の法則

구개음화　口蓋音化　43 175
격음화　激音化　43 159 188 247
겹받침 단순화　二重パッチムの単純化　38
경음화　濃音化　42 78 109 175
비음화　鼻音化　51 133
연음 법칙　軟音の法則　65 94 145 230
'의'의 발음　「의」の発音　201
중화규칙　中和規則 3　38
ㅎ 탈락　「ㅎ」脱落　216

우리 함께
열심히
공부해 봐요!

アンニョンハセヨ
韓国語

이준기와 함께하는
안녕하세요 한국어1

● 日本語版 ●

2010年 6月10日 初版第1刷発行
2018年 10月5日 初版第4刷発行

著者	パク・ジヨン/ユ・ソヨン
訳者	田畑 光子
特別出演	イ・ジュンギ（俳優）

発行人	チョン・ウンニョン
編集	キム・ジス、保坂美枝
デザイン	Design Boom
イラスト	トマ/チョ・ユンヘ
ナレーション	チョン・スクギョン/ホン・ジンウク/ナ・ジヒョン
録音	The Road
製作協力	JG Company

発行元	Mari Books
住所	〒10494 京機道高陽市德陽區チュンアンロ558番街 57 1816-1104
出版登録	第2018-000077号
Tel	031)973-0529~0530
Fax	070)7610-2870
Email	mari@maribooks.com
印刷	現文字現

ISBN 978-89-94011-16-5 18710

　　　978-89-94011-13-4 (Set)